Edizioni R.E.I.

Sara Albanese

sara.albanese@alice.it

ControVersi

ISBN: 978-2-37297-2437

Copyright: 2015
Edizioni R.E.I.
www.edizionirei.com
info@edizionirei.com

Stampa: Universal Book srl

ControVersi

di

Sara Albanese

Edizioni R.E.I.

3

Indice

Dedicato alla Poesia,
perché ci dimostra che essere "strani" nella vita non è poi sempre un male.

Dedicato a chi scrive un diario, un libro, una mail, una canzone,
una preghiera, un messaggio su un post-it o sul cellulare.
Non importa cosa o dove. Importa come.
Credendo che le parole cambino la vita.

Dedicato a chi legge.
A chi si prende la briga di spendere del tempo su pagine vere, fatte di carta.
A chi sfoglia schermate elettroniche.
A chi legge negli sguardi, nelle stelle, nei fondi di caffè, nel volo degli uccelli.
Perché chi legge è sempre un po' scienziato e un po' visionario.

Dedicato a chi corregge, cancella, riscrive.
Perché gli errori fanno paura ma servono a farci capire ciò che non volevamo dire.
Ed è già un primo passo verso ciò che vogliamo essere.

Dedicato a chi mi ascolta, a mio marito e alla mia famiglia soprattutto.
Ma anche a chi non c'è più.
A chi presta orecchie pelose.
Agli amici che non dimenticano.
Ai luoghi che mi hanno cambiato e reso ciò che sono oggi, nel bene e nel male,
mentre guardo queste pagine come fossero un selfie della mia anima.

Saggio introduttivo

Si dice che sia meglio scrivere piuttosto che parlare dello scrivere.
Si dice anche che la poesia sia una forma di scrittura e che cercare di
spiegarla non possa che demolirne l'anima.

Ma come si può sostenere che non sia poesia il riflesso di un ramo
su uno specchio d'acqua che ne coglie la sagoma, manipola la forma
e restituisce al nostro occhio la copia rovesciata della realtà.

Come si può pensare che non sia poesia il difetto nel viso di chi
amiamo, perfetta imperfezione di umana originalità che sfida
sfacciatamente simmetriche chimere.

Come si può immaginare che non sia poesia una fotografia capace di
cogliere l'attimo, un passo di danza che schiva la gravità, una
risposta tagliente che rintuzza una malalingua, il profumo di un
cucciolo, un albero di Natale, lo squillo del telefono nel momento in
cui ne abbiamo bisogno, l'equilibrio che ci sostiene da entrambi i lati
quando pedaliamo in bicicletta, la mescolanza dei sapori del
cheeseburger perfetto, il rumore di una risata, della pioggia, degli
zoccoli di un cavallo, del sole che buca la notte, del silenzio.

Tutto questo è poesia. Ma tutto questo è anche vita.

Quindi, se è vero che è meglio scrivere piuttosto che parlare dello
scrivere, certamente nessuno potrà contestare il fatto che scrivere
della vita sia invece tra le ambizioni più inarrivabili di un autore. Per
questo parliamo di poesia: per fingere di poter parlare di vita.

Secoli di studi e grattacieli di volumi di Storia della Letteratura da un lato, e decenni di ingenue filastrocche e abusate rime di canzonette stucchevoli dall'altro, hanno consegnato alle generazioni di oggi l'impressione della Poesia come di un mostro mitologico a due teste, una delle quali si nutrirebbe di metriche incomprensibili, lessico arcaico e figure retoriche dai nomi altisonanti, mentre l'altra fischietterebbe motivetti insignificanti in cui *cuore* fa necessariamente rima con *amore*.

Il domestico ma superficiale Dr Jekyll della poesia da ombrellone, scritta sulle panchine del lungomare durante un'estate eterna quanto il rossetto che si indossa per la prima uscita "da grandi", lascia inevitabilmente il posto, con l'arrivo dell'autunno, al Mr Hyde della poesia da banco scolastico, pericolosa come un misterioso algoritmo.

Così i giovani studenti diventano uomini e donne, smettendo di scrivere versi ingenui sulla Smemoranda ed abbandonando definitivamente l'idea di poter avere qualsiasi cosa a che fare con la Poesia, che resta, nel loro immaginario, rappresentata soltanto dai versi più alti dei sommi Poeti, a cui spetta di diritto il privilegio di cullare il monopolio della lirica.

Come si potrebbe privare la Ginestra leopardiana o i Narcisi di Wordsworth del ruolo meraviglioso di profumare le nostre menti, come si potrebbe impedire al fanciullino di Pascoli di insegnarci la meraviglia, come si potrebbe ignorare il Prometeo di Goethe quando ci ammonisce di fronte alla nostra tracotanza, come si potrebbe zittire il Vecchio Marinaio di Coleridge che ci mette in guardia dal nostro destino, come si potrebbe ignorare la Fuga di

Celan o la Notte di Wiesel, o ancora i Sopravvissuti di Sassoon mentre cercano di raccontarci gli orrori della storia.

Nessuno che ami la Letteratura e vi si approcci con la reverenza dovuta alla sacralità del pensiero e con la viva curiosità di indossare eterne emozioni, potrebbe mai voler spogliare i Maestri dei loro perenni vessilli, eterne carezze per gli animi dei posteri che si troverebbero altrimenti di fronte a ciò che Leopardi probabilmente definirebbe volentieri un "infinito silenzio".

Esistono tuttavia occhi nuovi per leggere iscrizioni eterne, esiste oggi più che mai, a cospetto di una società bulimica che divora parole, spazi, persone e pensieri, una possibilità di intendere la Poesia in modo realmente vicino alla verità di ogni giorno. Esiste la concreta opportunità di dare ai Grandi una voce attuale e di creare, nel piccolo di ciascun singolo individuo, nuovi messaggi attraverso antichi strumenti. Esiste la reale possibilità di non fermarci a vendere la Poesia come polveroso prodotto editoriale un po' vintage o come liturgico cimelio. Esiste il desiderio di sdoganare l'idea di una poesia cristallizzata e di restituirla al nostro tempo come un potentissimo mezzo espressivo, come una meravigliosa spada lucente sguainata di fronte alla letargia emotiva ed all'indifferenza di pensiero.

La Poesia può parlarci di tematiche grandiose o di minuscoli dettagli, senza mai perdere la capacità di significare più di se stessa, di denudare parole gelide come pietre o tiepide come il fiato di ogni singolo individuo. Non esistono argomenti che esse non possano colpire al petto o sfiorare con delicatezza: dall'amore alla rabbia, dalla filosofia alla celia, dalla critica sociale più tagliente alla voce di Madre Natura, dalla memoria alla prefigurazione, dalla quotidiana

11

appartenenza ad un sistema al desiderio di voler infrangere le pareti di vetro che si chiudono intorno a ciascun uomo.

I frammenti di quel vetro potranno incidere il tempo e la Poesia sarà già oltre a noi, ci avrà oltrepassato e ci avrà lasciato indietro a scuotere le nostre sbarre, fallendo magari di nuovo nel nostro scopo di controllare la vita , di cambiare noi stessi... ma forti ancora nel nostro desiderio di volare.

I never hear the word "escape" Without a quicker blood, A sudden expectation A flying attitude!	Non sento mai la parola "fuga" Senza che il sangue scorra più svelto Senza un'improvvisa aspettativa Un desiderio di volare!
I never hear of prisons broad By soldiers battered down, But I tug childish at my bars Only to fail again!	Non sento mai di prigioni lontane Abbattute dai soldati Senza che io scuota come una bimba le mie sbarre Soltanto per fallire di nuovo!
Emily Dickinson[1]	Emily Dickinson

[1] The Poems of Emily Dickinson, Edited by R. W. Franklin (Harvard University Press, 1999)

"Les mots sont des pistolets chargés", affermava Sartre nel suo saggio Che cos'è la Letteratura[2]: "le parole sono pistole cariche" che l'intellettuale, così come qualsiasi uomo, deve assumersi la responsabilità di saper maneggiare ed, eventualmente, puntare nella direzione voluta. Quando si parla, secondo Sartre, così come quando si tace, si prende inevitabilmente una posizione nei confronti di eventi politici, sociali, ma anche, potremmo aggiungere in senso più ampio, nei riguardi di una comunità che viene educata e quasi sempre plasmata dal carisma di chi siede dietro ad una cattedra, oppure, più spesso, davanti ad una telecamera, ad un obbiettivo, su un palco o dietro ad un microfono.

Le parole, così come le armi, vanno pulite con cura, calibrate, strette in mano con delicatezza e fermezza al tempo stesso. Qualora ciò non accadesse, per superficialità od imperizia, inevitabilmente non saremmo più noi a dominarle, ma ci troveremmo pericolosamente in loro balìa.

Chi studia una o più lingue straniere, chi lavora come traduttore o ambisce a scrivere e pubblicare in una lingua che non sia quella nativa, fronteggerà quotidianamente questo pericolo ed imparerà ben presto che l'unico modo per padroneggiare la lingua straniera sarà dimenticarsi della propria e sprofondare nel tepore e nella comodità di una nuova trapunta sintattica in cui avvolgersi senza riserve. Scrivere in un vernacolo differente dalla lingua madre implica necessariamente lasciare una parte di se stessi e pensare direttamente in un codice straniero, evitando il passaggio, quasi

---

[2] Jean-Paul Sartre, *Qu'est-ce que la littérature?*, 1948

13

sempre macchinoso e fuorviante, di convertire le proprie modalità comunicative in quelle di un'altra cultura.

Perfino le traduzioni dovrebbero avvenire in questo modo, poiché tradurre non dovrebbe essere mai una forma avanzata ed evoluta di translitterazione, bensì una trasformazione ed una conversione espressiva che conserva l'intenzione comunicativa delle parole originali.

Questo punto di vista può risultare particolarmente interessante anche quando non viene oltrepassato il confine geografico ma quello della tipologia di scrittura. Osservare un saggio, un romanzo, una poesia, un diario, un articolo, e pensare che appartengano tutti alla stessa lingua soltanto perché scritti in italiano può essere uno degli inganni più banali nell'approccio alla lettura.

Ognuno dei generi sopraccitati prevede un proprio linguaggio, regole sintattiche, campi semantici, ritmi e convenzioni differenti. Ognuno di essi, in parole semplici, risulta essere una lingua a sé.

Per scrivere in modo efficace qualsiasi tipologia letteraria sarà quindi d'obbligo *pensare* direttamente in quel linguaggio.

Non potrà mai essere possibile mettere in versi ciò che nasce nella nostra mente in prosa, così come perderà smalto qualsiasi parafrasi di un testo poetico.

Ma è veramente possibile *pensare in versi*?

E se lo fosse, come si potrebbe imparare?

Nello stesso modo in cui si impara a sognare.

La Poesia può essere studiata ma probabilmente non appresa.

14

Può essere spiegata, analizzata, ma difficilmente potrà essere insegnata perché ad essa sarà il compito di farci da maestra.

Ci insegnerà infatti a guardare la realtà come fosse luce attraverso un prisma, spezzata in molte fasce di colori diversi che si pennellano con decisione ma che si fondono nella trasparenza della nostra verità.

Ci insegnerà che il pensiero più alto, la filosofia più complessa, il sentimento più turbolento, l'ideale più nobile, la catastrofe più spaventosa, la psicosi più invisa, lo spettacolo più travolgente, potranno condensare la propria forza solo nella meraviglia del dettaglio.

Esso è infatti un amplificatore emotivo, un'evocazione mentale, una sorta di quark letterario... e non a caso i fisici statunitensi Murray Gell-Mann e George Zweig mutuarono il termine *quark* proprio da James Joyce[3], uno dei più grandi "scienziati" della parola del XX secolo.

La scelta del dettaglio da utilizzare in un testo poetico non sarà mai una semplice sineddoche[4], ma piuttosto una laicissima transustanziazione[5] linguistica. Si tratterà infatti sempre di un

---

[3] Il termine quark venne utilizzato da J. Joyce nella sua opera *Finnegans Wake* (1939) come probabile crasi delle parole "question marks" (punti interrogativi).

[4] *Sineddoche:* Figura retorica che risulta da un processo psichico e linguistico attraverso cui, dopo avere mentalmente associato due realtà differenti ma dipendenti o contigue logicamente o fisicamente, si sostituisce la denominazione dell'una a quella dell'altra. La relazione tra i due termini coinvolge aspetti quantitativi, cioè i rapporti parte-tutto (una vela per la barca), singolare-plurale (lo straniero per gli stranieri), genere-specie (i mortali per gli uomini), materia prima-oggetto prodotto (un bronzo per una scultura in bronzo) – cfr *Enciclopedia Treccani*

15

simbolo che assorbe l'evocazione empatica di sentimenti e messaggi carichi di un contenuto più ampio, suscitando inevitabilmente nel lettore un'amplificazione del significato grazie all'immediatezza del significante.

La stessa tecnica può essere utilizzata in prosa, stilizzando ed estrapolando da complesse situazioni un elemento allusivo, capace di contenere ciò che un'analisi ampia e precisa delle circostanze annacquerebbe fino a rendere insapore ed incolore ciò che si desidera invece far arrivare con forza.

Un esempio di questa tecnica è rappresentato dallo scrittore tedesco Wolfgang Borchert (1921-1947), il quale riesce ad esprimere la miseria e la desolazione della Trümmerliteratur (la "letteratura delle macerie" diffusasi in Germania in seguito alla Seconda Guerra Mondiale) attraverso storie brevi come *Die Küchenuhr* (*L'orologio da cucina*), in cui l'oggetto menzionato nel titolo, rimasto intatto in seguito all'esplosione dovuta alla caduta di una bomba che ha raso al suolo la casa del protagonista, resta immobile tra le mani dell'altrettanto immobile uomo, sospesi entrambi nel nulla spazio-temporale che paralizza nel silenzio il fragore dell'esplosione e della morte. Borchert estrapola un dettaglio, significativo nella sua apparente banalità, e lo evidenzia ai nostri occhi rendendolo immenso e potente, più efficace nella sua denuncia del racconto di scene strazianti, più rumoroso nel suo silenzio di molte morali a cui le orecchie sono avvezze e forse, ormai, perfino sorde. Borchert lancia un messaggio, racconta un dramma umano, scaglia un'invettiva storica, congela il nostro

---

5 *Transustanziazione*: Nel linguaggio dei teologi cattolici, la totale conversione della sostanza del pane e del vino nella sostanza del corpo e del sangue di Cristo in forza delle parole della consacrazione pronunziate dal sacerdote nella Messa. – cfr *Enciclopedia Treccani*

sangue, congelando le lancette di quell'orologio. Egli fa poesia, pur nella prosa schietta e breve delle sue Kurzgeschichten (storie brevi).

La forza del dettaglio sta anche nel rendere il concetto accessibile a noi tutti, tramite l'intuizione, e si svela in una delle lezioni più preziose che la Poesia possa impartire ad uno scrittore, oppure, in senso più ampio, ad un qualsiasi essere umano.

Ogni singolo individuo, al giorno d'oggi, rischia di essere travolto e schiacciato da uno tsunami di informazioni, immagini scioccanti, speleologie morbose degli orrori umani, sociali e perfino sovrannaturali, dragaggi ossessivi di aberrazioni di ogni sorta. Questo bombardamento, talvolta provocato da un genuino desiderio di denuncia e di informazione, ma purtroppo spesso anche dovuto ad un mero marketing degli ascolti, spinge inevitabilmente ogni coscienza ad un'inesorabile narcosi, dovuta, in parte ad una comprensibile autodifesa, ed in parte ad un'inevitabile assuefazione alla violenza, al grido, al dolore. Questo processo rimanda necessariamente a ciò che la scrittrice, giornalista e filosofa tedesca Hannah Arendt (1906 - 1975) definì "la banalità del male"[6] durante il Processo di Norimberga, riferendosi all'abitudine dell'uomo-massa nel ricevere somministrazioni crescenti di malvagità, sviluppando assuefazione e perfino connivenza o attiva complicità nella fabbrica dell'orrore.

Tale meccanismo sociale risulta essere estremamente pericoloso in qualsiasi epoca, provocando una narcosi della coscienza individuale e collettiva, con un conseguente spostamento progressivo della reazione di ribellione, di shock e di rigetto del male.

---

[6] H. Arendt, *Eichmann in Jerusalem. Ein Bericht von der Banalität des Bösen*, 1961

17

Non esistono antidoti efficaci per fermare un processo innestato ed ormai apparentemente destinato a proseguire autonomamente, come una pericolosa fissione nucleare sfuggita al controllo, tuttavia possono essere compiute forse alcune scelte per aiutare a rallentare e, magari, in alcuni casi, perfino ad interrompere la reazione. Una di esse consiste certamente nell'istruzione volta alla sensibilizzazione delle menti in formazione ed alla stimolazione della dignità e dell'autonomia di pensiero nelle nuove generazioni. Un altro balsamo potrebbe consistere anche nella scelta di scrivere con consapevolezza, di tagliare la gabbia di vetro dell'insensibilità con il diamante della trasparente semplicità.

Ecco che la lezione che ci viene impartita dalla Poesia, quella sulla leggerezza, sul valore dei dettagli, sul ritorno alla naturalezza dell'emozione, diviene improvvisamente molto più di una scelta stilistica e si trasforma quasi in un'inconsapevole esigenza sociale.

Ho conosciuto il mare meditando su una goccia di rugiada.

Kahil Gibran

Quando si decide di indossare un abito formale per un evento speciale, il primo istinto sarà probabilmente quello di scegliere un completo classico, optando per un abbinamento tradizionale che sicuramente ci farà sentire a nostro agio senza suscitare particolare interesse, ma, allo stesso tempo, senza sottoporci al rischio di dover osare un accostamento inconsueto, assumendoci la responsabilità di rendere convincente un abbinamento diverso e di sancirne il gusto secondo criteri soggettivi, esterni al canone tradizionale.

La Poesia indossa le parole come abiti, lasciando a noi il compito di sceglierne la foggia ed i colori, nonché l'incombenza di definirne lo stile.

I nostri canoni comunicativi tradizionali consegnano al nostro inconscio abbinamenti semantici classici che scivolano, non visti, attraverso la nostra percezione involontaria e che vengono tramandati alla nostra comprensione razionale con la prevedibilità di un "tailleur" linguistico. Si tratta di una scelta spesso appropriata e corretta, rassicurante e certamente idonea ad un contesto tradizionale. La Poesia tuttavia non è quasi mai rassicurante e, certamente, in linea di massima, ambisce a non essere neppure tradizionale. Gli "stilisti" della parola, quindi, ovvero tutti coloro che desiderino approcciarsi alla stesura di un componimento, dovranno imparare un'altra lezione fondamentale che la scrittura in versi imporrà silenziosamente: il coraggio dell'accostamento inconsueto, la ricerca di parole comuni che, abbinate tra loro, possano creare un impatto emotivo nuovo. Così come i colori di sempre, associati con fantasia e buon gusto, possono creare effetti cromatici differenti, così come le solite sette note, mescolate con sentimento, riescono a creare musiche originali, così come ingredienti banali, amalgamati in modo nuovo, producono un sapore diverso, allo stesso modo le immagini classiche, abbinate in modo inconsueto, suscitano necessariamente emozioni inconsuete, oppure semplicemente richiamano l'attenzione del lettore su elementi che altrimenti sarebbero scivolati via senza accento poiché già letti molte volte in innumerevoli versioni.

Potremmo prendere come esempio la Luna, uno degli elementi più frequentemente evocati dalle liriche di sempre, che ha punteggiato i titoli di componimenti come la notissima *Mondnacht* (*Notte di Luna*)

19

del poeta romantico tedesco Joseph von Eichendorff, ed ispirato versi di tutte le epoche, fino a quelli dell'ermetico Ungaretti:

Appisolarmi là

solo

in un caffè remoto

con una luce fievole

come questa

di questa luna[7]

La Luna appare per secoli, così come in questi versi, volto cereo di umano declino, pallida luce, suggestione di morte e di silenzio eterno, oppure gelido argento di paesaggi spettrali.

Oggi, tuttavia, nella verità contemporanea del XXI secolo possiamo permetterci di raccogliere il bagaglio di secoli di suggestione e mescolarli all'impasto del nostro tempo, descrivendo:

"i disegni delle nuvole che bollivano sotto il fuoco freddo della luna"[8]

Sebbene la citazione, di matrice palesemente poetica, provenga in realtà da un testo in prosa, essa ci offre lo spunto per ragionare su come queste poche parole disordinino le associazioni a cui siamo abituati da sempre. L'evidente e tradizionale ossimoro[9] ("il fuoco freddo") infatti viene anticipato dall'immagine quasi quotidiana del ribollire, che gonfia e scalda la marmorea presenza lunare e la

---

[7] Giuseppe Ungaretti, *C'era una volta*, da *"L'Allegria"*, 1916

[8] Sara Albanese, *All'Ombra della Luna Nuova*, Edizioni Rei, 2014

[9] *Ossimoro*: Figura retorica che consiste nell'unione sintattica di due termini contraddittori, in modo tale che si riferiscano a una medesima entità. L'effetto che si ottiene è quello di un paradosso apparente – cfr *Enciclopedia Treccani*

rende, invece che un elemento paralizzante, un dinamico soggetto in grado di "disegnare" la realtà circostante.

La fusione tra dinamismo e staticità, così come quella tra calore e gelo, tra dionisiaco ed apollineo, tra astratto e concreto, tra elevato e quotidiano, crea inevitabilmente combinazioni a cui la nostra mente non è assuefatta, per utilizzare un termine già analizzato in precedenza, e conseguentemente l'emozione che scaturirà dalle immagini note sarà probabilmente capace di catturare lo stupore del lettore.

A questo proposito, naturalmente, anche la fusione tra percezioni sensoriali provenienti da ambiti differenti creeranno antiche sinestesie[10], reinventando le stesse immagini per creare emozioni tridimensionali, capaci di abbracciare il lettore come in un rimbalzo emotivo.

È l'odore delicato della notte
Mischiato all' essenza della luna
Che intride la bambagia delle nubi.[11]

Umili versi come i precedenti provengono dall'assorbimento e dall'attualizzazione dell'insegnamento dei Grandi della Poesia, che non ci invitano solo a convogliare in un'unica immagine intuiti percettivi diversi, ma anche ad utilizzarla in modo totalmente

---

[10] *Sinestesia*: Nel linguaggio della stilistica e della semantica, particolare tipo di metafora per cui si uniscono in stretto rapporto due parole che si riferiscono a sfere sensoriali diverse – Cfr *Enciclopedia Treccani*
[11] Sara Albanese, *Sensi*, 2014, cfr pag. 64

evocativo, facendo leva sull'immaginario inconscio di un lettore che porta con sé archetipi tanto radicati quanto inconsapevoli.

Ne sono un palese esempio i versi del poeta romantico inglese di prima generazione William Wordswoth, all'interno del componimento "I Narcisi"[12] . I protagonisti, per scelta dell'Autore semplici fiori di campo poiché proprio nell'umiltà dei soggetti risiede il potenziale comunicativo più ampio secondo lo stesso Wordsworth, hanno esattamente il medesimo colore delle stelle del cielo. Il piano terreno e quello celeste si rispecchiano, ed i Narcisi, così come le Stelle, non sono definiti gialli, bensì *dorati* (*golden*), per suscitare inconsciamente nell'immaginario cromatico del lettore una suggestione legata alla preziosità dei soggetti più semplici, capaci di essere quindi di consolazione ed ispirazione per il Poeta.

Le Stelle a cui l'Autore fa riferimento si sarebbero potute tranquillamente trovare in un cielo scuro, blu, o addirittura nero, per evocare le notti buie tanto care ai romantici, come accennato in relazione alla presenza frequente della Luna. Al contrario, Worsdworth sceglie di collocare le Stelle nella *Via Lattea* (*Milky Way*), la cui intenzione poetica, indipendentemente dalla palese sineddoche, è di abbandonare il colore notturno per lasciar spazio ad un'immagine che rimanda inconsciamente, nella mente del lettore, ad un qualcosa di latteo, per l'appunto, quindi bianco, puro e luminoso.

E' evidente che, a seconda dell'illusione che intendiamo comunicare, sarà fondamentale non soltanto adoperare i sensi, ma manipolare ed utilizzare le evocazioni archetipiche, tra cui,

---

[12] W. Wordsworth, *I wandered lonely as a Cloud* (oppure *Daffodils*), in *Lyrical Ballads, 1804*

l'arcobaleno delle emozioni, che si illumineranno nella fluorescenza dell'accostamento.

*Il vero amore è una **quiete accesa***

Giuseppe Ungaretti

L'immaginario collettivo tende ad identificare i Poeti con strane figure visionarie che si aggirano per brughiere solitarie nella nebbia del mattino con un taccuino tra le mani e lo sguardo perso tra i flutti del tempo.

Nella realtà dei fatti, invece, queste bizzarre creature si rivelano molto più complicate da identificare: frequentano supermercati, scuole, banche, spiagge, pizzerie, assemblee condominiali, confondendosi indistinguibilmente con la cosiddetta "gente normale".

Questo potrebbe essere dovuto al fatto che in realtà chi fa Poesia è effettivamente "gente normale"?

E' possibile, anche se forse bisognerebbe lasciare il privilegio della risposta a chi effettivamente vive al loro fianco.

Certamente si tratta di persone che vedono la realtà attraverso due lenti diverse: quella quotidiana e ordinaria, necessaria alla vita di tutti i giorni, e quella originale ed astratta, capace di trasfigurare la realtà e manipolarla fino a disordinarla definitivamente, oppure, al contrario, ad estrarne l'essenza per stigmatizzarla di fronte alla confusione del mondo.

23

Il già menzionato William Wordsworth, così come i suoi colleghi Romantici inglesi, affermava che il Poeta fosse in grado di osservare il mondo attraverso un *"inward eye"*[13], ovvero un *"occhio interiore"*.

Il termine originale *"inward"* risulta di difficile traduzione dall'inglese, poiché non significa solamente "introspettivo", ma più esattamente viene inteso come "diretto verso l'intimità", cioè dall'esterno verso l'interno, dal fenomeno al noumeno, dallo spettacolo della verità al senso dell'interpretazione.

Proprio per questo i Poeti Romantici anglosassoni tendevano a definirsi *profeti*, capaci di osservare la natura circostante, pulsante e vibrante di vita e di spiritualità, per coglierne il significato più profondo attraverso la lente dell'immaginazione, percependone l'essenza e restituendola al mondo attraverso i l'arte.

L'abilità dell'interpretare il mondo di tutti attraverso gli occhi di pochi per renderlo comprensibile a molti, risulta quindi essere una delle capacità più importanti del Poeta, così come dell'artista in genere, ed è interessante pensare che tale dote non debba necessariamente essere rivolta a temi aulici o paesaggi astratti, ma si possa ben coniugare ad argomenti di attualità, di critica, di consapevolezza individuale o sociale, perfino di satira.

Ed ecco che potremo quindi parlare, ad esempio, di un'Italia *"Sospesa tra un mare di zaffiro / E un cielo di vampiro*[14]*"*, oppure si potrà definire la società di massa come *"Comunità di vermi rattrappiti / In squallidi cantucci del piacere*[15]*"*, o ancora si potrà parlare dei moderni stereotipi di donne arriviste e combattive come

---

[13] W. Wordsworth, *I wandered lonely as a Cloud* (oppure *Daffodils*)- line 21, in *Lyrical Ballads, 1804*
[14] Sara Albanese, *Italia*, 2013, cfr. pag. 71
[15] Sara Albanese, *Pensiero*, 2013, cfr pag. 68

di *"Moderne Valchirie in tubino gessato / (che) Di forme femminee han sol conservato / Ciò che alla scienza è concesso scolpire / Ché grazia muliebre vanno a abortire"*[16].

Sarà anche possibile parlare di sentimenti individuali ed intimi, connessi a contesti sociali moderni, come il nuovo modo di percepire la maternità da parte delle giovani generazioni che *"nel timore di giocare con il sole / vagheggiano una maternità immatura"*[17], oppure si potranno toccare tematiche psicologiche nuove, appena sfiorate dall'opinione pubblica, ma fortemente radicate nel nostro tempo, spiegando che *"A guardare troppo a lungo dentro il vuoto / Si perde l'innocenza della mente"*[18], e che nella confusa Era Postmoderna, alla ricerca di un punto di riferimento nuovo, l'individuo si sente come un *"Pezzente superuomo defraudato / del sogno di potenza da cullare"*[19].

Non esiste argomento che la poesia non possa sbucciare come un frutto, non esiste tematica che non possa perforare, enucleando un pensiero, un'emozione o perfino una provocazione. Il fatto che il lettore possa immedesimarsi, semplicemente riflettere, o addirittura rifiutare con decisione il pensiero offerto dalla scrittura è egualmente importante: in ciascun caso lo scopo del Poeta sarà stato raggiunto perché egli avrà comunque scosso una coscienza e generato uno spunto, una considerazione, magari anche una critica.

Il fine ultimo di qualsiasi scrittore è quello di soffiare un pensiero attraverso lo spazio ed il tempo, senza l'ambizione né il desiderio di parlare alla folla, ma con la precisa intenzione di gettare un seme

---

[16] Sara Albanese, *Guerriere di Plastica*, 2013, cfr. pag. 70
[17] Sara Albanese, *Vagito*, 2013, cfr. pag. 52
[18] Sara Albanese, *Giudicate*, 2014, cfr. pag. 99
[19] Sara Albanese, *Ecce Homo*, 2013, cfr. pag. 76

nella consapevolezza delle singole menti, oppure delle singole anime.

Uno degli errori più comuni che vengono spesso compiuti sia nella lettura degli autori locali, magari conosciuti personalmente, che nello studio dei Grandi della Letteratura, scandagliati e sezionati da secoli di critica, consiste nel voler necessariamente riconoscere lo scrittore nelle sue pagine. Sebbene sia innegabile che ogni autore scriva essenzialmente di ciò che gli sta a cuore, dei mondi che conosce o che desidera esplorare, prendendo spunto spesso dalle persone che ha incontrato, dalle ferite che ha subìto, dall'educazione che ha ricevuto o rifiutato, è altresì vero che, salvo precise pubblicazioni di matrice autobiografica, si potrà riconoscere lo scrittore più in ciò che desidera comunicare piuttosto che nei singoli eventi, nei visi e nelle trame. Egli infatti desidererà sempre smaterializzarsi tra le sue righe, lasciando molecole di sé sul percorso, ma ricomponendo se stesso solo nell'intenzione ultima dell'opera. Il dato biografico aiuta indubbiamente la comprensione e la contestualizzazione degli scritti, ma la lettura di un brano come identikit del suo creatore risulta il più delle volte non solo errata, ma addirittura fuorviante per la comprensione finale del testo. E' infatti innegabile che ogni autore ambisca ad una vita autonoma per i suoi scritti, una vita indipendente da se stesso, generata nel momento stesso in cui il lettore assimila e rielabora le pagine, rendendole sue e quindi creandole una seconda volta.

Non solo la Poesia, ma la Scrittura in generale, così come l'Arte in senso più ampio, risultano essere un enorme schermo attraverso il quale proporre se stessi al mondo, correndo il rischio consapevole che questo schermo possa denudare l'artista e consegnarlo al pubblico spogliato di ogni velo, e quindi necessariamente vulnerabile.

Naturalmente tutto questo avverrà specialmente per quanto riguarda la lirica che, tra tutte le forme di scrittura, risulta essere certamente una delle più dirette e schiette: sebbene appaia particolarmente articolata nella forma, sarà tuttavia senza dubbio meno elaborata nella mediazione emotiva rispetto alla prosa. La Poesia moderna, infatti, per sua natura risulta essenzialmente priva di trama, poiché essa consiste unicamente nel contenuto, nella suggestione, nel messaggio e nel sentimento. Essa sarà quindi necessariamente un testamento spirituale del proprio autore, eppure, perfino in questo caso, il miglior approccio alla lettura sarà quello di non cercare mai lo scrittore nelle sue parole, ma piuttosto di cercare se stessi. Questo sarà l'unico modo per rincorrere la realtà di un'emozione anziché il fantasma del suo creatore. Se si riuscirà a perdersi tra i versi, dimentichi di dati biografici altrui, qualsiasi reale interpretazione non potrà mai essere tacciata di errore perché sarà spontanea ed autentica quanto è concreto il fiore che nasce da un seme sconosciuto.

In tutto questo, l'autore sarà rimasto indietro, a guardare la nave salpare, sufficientemente soddisfatto di essere stato abbandonato da ciò che forse gli sopravvivrà.

Ich bin ein Stern am Firmament,	*Sono una stella nel firmamento*
Der die Welt betrachtet, die Welt	*Che osserva il mondo, che disprezza*
verachtet,	*il mondo*
Und in der eignen Glut verbrennt.	*E che si consuma nel proprio*
Ich bin das Meer, das nächtens	*ardore.*
stürmt,	*Io sono il mare tempestoso di notte,*
Das klagende Meer, das	*Il mare urlante che, pesante di*

27

opferschwer	*sacrifici,*
Zu alten Sünden neue türmt.	*Aggiunge nuovi peccati ai vecchi.*
Ich bin von Eurer Welt verbannt	*Sono bandito dal vostro mondo*
Vom Stolz erzogen, vom Stolz	*Educato dall'orgoglio, tradito*
belogen,	*dall'orgoglio,*
Ich bin der König ohne Land.	*Sono il re senza terra.*
Ich bin die stumme Leidenschaft,	*Son la passione muta*
Im Haus ohne Herd, im Krieg ohne	*In casa senza focolare, in guerra*
Schwert,	*senza spada,*
Und krank meiner eignen Kraft.	*Ammalato dalla mia stessa forza.*
Hermann Hesse[20]	*Hermann Hesse*[21]

Astratto e concreto sono due concetti solo apparentemente semplici da distinguere, spesso infatti essi si abbracciano e si confondono, per poi allontanarsi come due magneti che si attraggono e si respingono a seconda della carica positiva o negativa.

Spesso l'astrazione risulta all'interno dell'immaginativo umano come la più concreta delle realtà, capace di muovere l'animo e di condizionare le azioni: così si originano sentimenti ed emozioni, paure, sogni, ossessioni, religioni ed ogni possibile suggestione capace di influenzare l'agire di ogni individuo.

---

[20] *Hermann Hesse, Ich bin ein Stern am Firmament, in* "Hermann Hesse - - Poesie", *Oscar Mondadori.*
[21] *Traduzione di Sara Albanese*

Anche il procedimento inverso risulta tuttavia altrettanto familiare alla coscienza umana, ovvero l'astrazione di immagini e di situazioni concrete che sfociano nella generazione di sensazioni e di stati d'animo evocati dal dato empirico.

La Storia della Letteratura ci avvicina a questo concetto, regalandoci, per esempio attraverso il Simbolismo francese, una preziosa lezione su come sia non solo possibile, ma addirittura necessario interpretare la realtà fenomenica con lo scopo di coglierne il significato profondo, mistico ed allusivo.

Nel suo componimento *Corrispondenze,* il Poeta francese Charles Pierre Baudelaire (1821 – 1867) sottolinea questo intimo legame tra la percezione della concretezza e la simbolica interpretazione sinestetica che rimanda il lettore alla comprensione del significato intrinseco della realtà.

La Nature est un temple où de vivants piliers	*La Natura è un tempio dove pilastri viventi*
Laissent parfois sortir de confuses paroles;	*Lasciano uscire a volte confuse parole;*
L'homme y passe à travers des forêts de symboles	*L'uomo la attraversa tra foreste di simboli*
Qui l'observent avec des regards familiars.	*Che lo osservano con occhi familiari.*
Comme de long échos qui de loin se confondent	*Come lunghi echi che da lontano si confondono*

Dans une ténébreuse et profonde unité,	*In un'unità profonda e tenebrosa,*
Vaste comme la nuit et comme la clarté,	*Vasta come la notte e come il chiarore,*
Les pafums, les couleurs et les sons se répondent.	*I profumi, i colori e i suoni si rispondono.*
(...)[22]	*(...)*

L'immagine suggestiva di una Natura composta di *"Pilastri viventi"* capaci di parlare all'inconscio umano, avvicina la familiarità dei simboli con il mistero del loro significato più arcano.

Baudelaire ci dimostra con i suoi stessi versi, in innumerevoli occasioni, come sia spesso più efficace generare un'emozione evocandola attraverso un'immagine concreta piuttosto che cercando di spiegarla in astratto.

Ed ecco che in uno dei suoi componimenti più noti, *Spleen*[23], egli ci descrive un cielo che *"basso e greve pesa come un coperchio sullo spirito"* e di una pioggia che *"distendendo le sue immense strisce, imita le sbarre d'un grande carcere"*.

L'efficacia delle immagini suscitano nel lettore una sensazione di claustrofobia ed angoscia, protagoniste del componimento che si incentra, come suggerito già dal titolo, sul tedio esistenziale e sulla

---

[22] C.P. Baudelaire, *Correspondences, Corrispondenze* - da *Les Fleurs Du Mal, I fiori del male* 1857- Trad. Sara Albanese
[23] C.P. Baudelaire, Spleen, *Da I fiori del male, Les Fleurs Du Mal,* 1857

melanconia che al nostro tempo, probabilmente, verrebbe definita depressione.

Attraverso il tratto delle gocce che cadono, Baudelaire disegna le sbarre della prigione che si costruisce intorno all'essere umano avvolto dalla sua stessa sensazione di soffocamento, e la riempie di immagini come i ragni o il pipistrello, per ribadire ed accentuare la sensazione di ansia evocata attraverso simboli che provocano la medesima reazione in qualsiasi essere umano.

Tuttavia, pur nell'efficacia dell'evocazione e nella trasversalità dell'effetto provocato sul lettore, Baudelaire non esclude una relativa soggettività percettiva, a differenza di chi sceglierà una via successiva a quella del Simbolismo, teorizzando, come fece T. S. Eliot (1888 - 1965) nel suo scritto *Hamlet and His Problems*, la tecnica dell'Objective Correlative (Correlativo Oggettivo):

"(...) una serie di oggetti, una situazione una catena di eventi che saranno la formula di quella emozione particolare, in modo che, quando siano dati i fatti esterni, che devono condurre ad una esperienza sensibile, venga immediatamente evocata l'emozione."[24]

La formula perfetta per provocare nel lettore un determinato stato d'animo possiede, secondo Eliot, la capacità di essere obiettiva e, come suggerito dal nome stesso della tecnica, oggettiva al punto da offrire al Poeta uno strumento quasi scientifico per la creazione di emozioni precise, riducendo il margine di soggettività ad un livello trascurabile.

---

[24] T.S. Eliot, Hamlet and His Problems, in *The Sacred Wood: Essays on Poetry and Criticism, 1920*

La stessa metodologia viene utilizzata da numerosi Poeti moderni, primo fra tutti Eugenio Montale (1896 – 1981), la cui nota raccolta *Ossi di Seppia*[25] porta nel suo stesso titolo un esempio di Objective Correlative, evocando il senso di aridità, emarginazione e sterilità connessi con il "male di vivere".

Talvolta la provocazione di emozioni avviene tramite la mera evocazione di singoli elementi che portano in se stessi, per propria natura, il simbolo di suggestioni esistenziali più profonde ed universali, come nel sopraccitato esempio rappresentato dal titolo di Montale.

Altre volte, invece, non sarà solo l'oggetto a rimandare ad un'immagine precisa, bensì la descrizione che noi faremo di esso, evidenziandone alcuni elementi che disegnano nell'inconscio del lettore una precisa sensazione dovuta all'evidenziazione di una determinata qualità .

Ecco che potremmo, ad esempio, rivolgerci ad una semplice violetta di campo, elevandola a simbolo di umile dignità, di carattere e freschezza, di fragile determinazione:

"Nel campo io ti vedo dignitosa

Piegare appena il gambo per il peso

Dell'umiltà graziosa di una sposa

Impregnata in un carisma mai arreso"[26]

Così come i già menzionati *Narcisi* di William Wordsworth, che *"scuotono la loro testa in una danza vivace"*, anche la *Viola* descritta in questi versi viene personificata, unendo alla tecnica dell'Objective

---

[25] E. Montale, *Ossi di Seppia*, pubblicata da Piero Gobetti nel 1925
[26] Sara Albanese, *Viola*, 2014, cfr. pag. 80

Correlative anche l'immedesimazione ed il realismo provocato dall'identificazione.

All'interno di questa foresta di simboli, per restare vicini alla metafora baudeleriana, recitando formule evocative, per ricordare la sapiente definizione di Eliot, tra dettagli empirici e personificazioni, la Poesia diviene un laboratorio di emozioni, una vera e propria fucina in cui vengono forgiati sentimenti e consapevolezze.

A questo punto non resta che consentire alla nostra mente di compiere il passo finale per afferrare, ancora una volta, l'insegnamento che la Lirica, come uno dei *"pilastri viventi"* di Baudelaire, desidera impartirci.

Viviamo oggi in una realtà in cui risulta estremamente facile non solo diffondere immagini, ma addirittura crearne di nuove, assemblandole, costruendo e manipolando situazioni e testimonianze grazie ad una semplice selezione volontaria e mirata. Sarà quindi molto più che possibile fornire queste testimonianze apparentemente oggettive per suscitare, non solo nel lettore, ma addirittura nello spettatore, esattamente l'effetto voluto.

Ecco quindi che i media, oracoli dell'Era Moderna, possono divenire vere fabbriche di consensi, di emozioni, di suggestioni, guidando l'inconscio individuale non solo tramite palesi interpretazioni della realtà, ma soprattutto, meccanismo ancor più pericoloso e difficilmente individuabile, attraverso la creazione di un'oggettività manipolata.

Da sempre ci si interroga sull'effettiva possibilità di fornire descrizioni imparziali della realtà, prescindendo da impercettibili scelte lessicali o descrittive che spostino necessariamente l'accento del racconto, della cronaca, dello scenario tanto caro ai Veristi, in funzione dell'inevitabile soggettività nello sguardo della voce narrante.

Tuttavia non necessariamente il problema si trova nella *possibilità* di ottenere un tal risultato, ma troppo spesso la questione risiede nella *volontà* di non indugiare nel privilegio di plasmare una realtà da restituire alla massa come una corrispondenza guidata, un tempo grossolanamente vestita di propaganda, oggi sottilmente presente in una verità subliminale che potrà essere contrastata da un solo potente mezzo:

Il dubbio.

Esistono figure misteriose e potenti nascoste nell'ombra delle pagine, annidate tra i versi come miracolosi affreschisti di un'invisibile Torre di Babele.

Si tratta dei Traduttori, medici capaci di curare le differenze, orefici del significato, chirurghi della parola.

Il loro mestiere è tanto complicato, quanto, spesse volte, sottovalutato e nascosto: meno sarà visibile la loro mano, più efficace sarà stato il loro lavoro, indispensabile non solo nel rendere universale la conoscenza, ma anche nel divenire mediatori di umane emozioni.

Purtroppo, il più delle volte, non viene resa giustizia al ruolo del Traduttore che viene quasi dato per scontato, così come oggi consideriamo banali alcuni piccoli miracoli comunicativi come Internet o lo Smartphone. Sarà fondamentale tuttavia ricordare che il Traduttore, a loro differenza, è una persona in carne ed ossa e sarà questa la sua più grande forza e la sua più grande debolezza.

Inutile sottolineare che soltanto un essere umano potrà convertire con efficacia un linguaggio in un altro, poiché, come già evidenziato in precedenza, non dovrà solo comprendere l'intenzione comunicata dalla fonte, ma si troverà a doverla pensare ed esprimere direttamente nella lingua destinataria per regalare al lettore una versione credibile, strutturata e convincente. Naturalmente nessun mezzo tecnico, per quanto elogiato dai fautori dell'informatizzazione dell'animo umano, potrà rivelarsi anche solo lontanamente altrettanto corretto e soprattutto calzante nel registro e nella forma.

Il Traduttore tuttavia, prezioso ed invisibile come il sale nelle pietanze, dovrà necessariamente fare i conti con la soggettività della resa, cogliendo lo spirito della fonte e restituendolo come se il testo finale non scaturisse dal componimento del Poeta originale, bensì dal Poeta stesso. I versi stranieri e quelli tradotti non dovranno essere gli uni conseguenza degli altri, bensì dovrebbero apparire come se fossero sbocciati dalla medesima radice.

Si tratta di una responsabilità enorme e di un impegno che talvolta sembra travalicare la sensibilità umana, schiantandosi inevitabilmente contro i limiti imposti dalla sintassi e dalla semantica di lingue diverse. Ogni parola infatti porta con sé non solo un significato, ma spesso anche un suono, un'allusione, un ritmo, una suggestione che verrà riprodotta spesso con estrema difficoltà. La naturalezza nella traduzione sarà frutto di un lavoro capillare e rigorosissimo, esattamente come la leggiadria sorridente della danza classica sottende uno sforzo enorme.

La difficoltà si fa ancora maggiore quando intervengono ulteriori complicanze ad allacciare la lingua in schemi fissi, come nel caso, ad esempio, di una metrica precisa o di versi in rima.

Per esemplificare questo procedimento, sarà interessante considerare una semplice strofa estrapolata dalla poesia *Glück* (*Felicità*) di Hermann Hesse, tradotta da Bruno Arzeni.

Solang du nach dem Glücke jagst,	*Felicità: finchè dietro a lei corri*
Bist du nicht reif zum Glücklichsein,	*non sei maturo per essere felice,*
Und wäre alles Liebste dein.[27]	*pur se quanto è più caro tuo si dice.*

Non è necessario conoscere il Tedesco per rendersi conto che, evidentemente per conservare la rima baciata negli ultimi due versi, il Traduttore ha dovuto bilanciarsi come un funambolo sintattico in lotta contro la forza di gravità della naturalezza, forzando la lingua destinataria, l'italiano in questo caso, per conservare la struttura dei versi originari.

Allo stesso modo, Arzeni ha scelto di anticipare il termine *Felicità*, evidenziandolo tramite la punteggiatura, per poi conservare il verbo alla fine del verso similmente alla versione originale, ma, come sarà familiare a chi conosce la sintassi d'oltralpe, il verbo alla fine della frase risulta una struttura obbligatoria nelle proposizioni subordinate tedesche, mentre, in Italiano, la medesima struttura sarà possibile solo rimaneggiando la lingua attraverso qualche escamotage espressivo. Starà poi al gusto del lettore, allo scopo della fruizione ed al parere dei critici, la riflessione sul fatto che sia opportuno piegare ed avvitare una lingua pur di conservare l'intenzione ritmica e metrica del Poeta, oppure se possa essere

---

[27] H. Hesse, *Glück, in Hermann Hesse – Poesie, Oscar Mondadori*, 2006, Trad. Bruno Arzeni

preferibile una versione più morbida che scivoli nella mente del lettore moderno sacrificando però la struttura iniziale, come ad esempio:

Finchè rincorri la Felicità,
non sei maturo per essere Felice,
sebbene tu possieda tutto ciò che più ami.

In questo esempio sarà discutibile la specularità strutturale, ma probabilmente sarà più immediato il significato, più vicino al registro affatto aulico di Hesse e verrà quasi rispettata la posizione nel verso dell'iterazione[28] con cui il Poeta sceglie di ripetere la parola *Glück – Felicità*.

Lo stesso autore viene tradotto con gusto altrettanto barocco da Mario Specchio, ad esempio nella già citata poesia *Ich bin ein Stern* (*Sono una stella*[29]) nei seguenti versi:

Ich bin das Meer, das nächtens stürmt,	*Io sono il mare di notte in tempesta*
Das klagende Meer, das opferschwer	*il mare urlante che accumula nuovi*
Zu alten Sünden neue türmt.	*peccati e agli antichi rende mercede.*

Il registro decisamente aulico invita il lettore ad un certo rispetto nei confronti della tematica alta contenuta nei versi, ricercati in questo caso anche nella versione originale. Eppure potrebbe essere funzionale non solo alla comprensione immediata, ma anche all'adesione rispetto alla scelta sintattica e semantica di Hesse, una

---

[28] *Iterazione*: Ripetizione di parole o di frasi, spesso con valore espressivo così da costituire una figura retorica. *– cfr Enciclopedia Treccani*
[29] *Hermann Hesse, Ich bin ein Stern am Firmament, in "Hermann Hesse - Poesie", Oscar Mondadori 2006, Trad. Mario Specchio*

traduzione che scorra come i flutti marini, accumulando pensieri e parole come le onde del Poeta accumulano i peccati:

> *Io sono il mare tempestoso di notte,*
> *Il mare urlante che, pesante di sacrifici,*
> *Aggiunge nuovi peccati ai vecchi.*[30]

Ogni constatazione rispetto alla possibile preferenza di uno stile di traduzione rispetto ad un altro risulta, com'è ovvio, puramente arbitraria e soggettiva, pertanto opinabile e priva di ogni giudizio nei confronti della validità e della correttezza del lavoro.

Esistono tuttavia circostanze in cui la traduzione può trovarsi di fronte a difficoltà oggettive che possono modificare o addirittura compromettere la riuscita finale del testo. A dispetto di ciò che si potrebbe pensare, non si incorre in un tale rischio solo di fronte a lingue strutturate in modo complesso e rigido, come il Tedesco utilizzato per l'esempio precedente, bensì anche e soprattutto in lingue che si articolano in una sintassi più semplice ma si vestono di una semantica varia ed allusiva, come l'Inglese.

Non esiste stereotipo più fallace di quello che etichetta la lingua anglosassone come elementare e facilmente interpretabile. Al contrario, infatti, essa è dotata di un vastissimo lessico, un'immensa gamma di sfumature, una complicata tecnica, spesso dettata dall'esperienza e dall'interiorizzazione del codice linguistico, che consente sintesi e compattezza.

Per questa ragione sarà difficile tradurre l'espressione *"inward eye"*[31], come spiegato in precedenza, e sarà spesso necessario esplodere in ampi versi ciò che la lingua inglese condensa in poche parole.

---

[30] *Cfr. Nota 20*
[31] W. Wordsworth, *I wandered lonely as a Cloud* (oppure *Daffodils*)- line 21, in *Lyrical Ballads*, 1804 - cfr Nota 13

Ecco che, a questo proposito, sarà esemplificativo un estratto dell'opera *London*[32] di William Blake (1757 - 1827), che descrive il cambiamento della Capitale inglese all'inizio del XIX secolo, di fronte al progresso galoppante della Rivoluzione Industriale ed alla nuova società corrotta dal profitto.

1 *I wander thro' each charter'd street,*	1 *Giro per ogni strada data a noleggio,*
2 *Near where the charter'd Thames does flow,*	2 *Vicino a dove scorre il Tamigi dato a noleggio,*
3 *And mark in every face I meet*	3 *E segno in ogni volto che incontro*
4 *Marks of weakness, marks of woe.*	4 *Segni di debolezza, segni di dolore.*
5 *In every cry of every Man,*	5 *In ogni pianto di ogni uomo,*
6 *In every Infant's cry of fear,*	6 *Nel pianto di paura di ogni bimbo,*
7 *In every voice, in every ban,*	7 *In ogni voce, in ogni divieto,*
8 *The mind-forg'd manacles I hear.*	8 *Sento le manette forgiate dalla mente.*
9 *How the Chimney-sweeper's cry*	9 *Come il pianto dello spazzacamino*
10 *Every black'ning Church appalls;*	10 *Sconvolge ogni Chiesa che annerisce*
11 *And the hapless Soldier's sigh*	11 *E il sospiro del soldato sventurato*
12 *Runs in blood down Palace walls.*	12 *Scorre come sangue dalle mura del Palazzo.*

Risulterà particolarmente interessante notare come il termine *charter'd (v. 1 -2)* , contrazione di *chartered*, sia particolarmente complicato da rendere in Italiano, poiché la traduzione *"dato a noleggio"*, oltre ad essere prolissa, non renderà il significato del termine inglese che allude a come la città, e perfino il fiume che è simbolo di ciò che appartiene alla Natura tanto cara ai Romantici, siano stati entrambi svenduti, dedicati a scopi commerciali, e quindi

---

32 W. Blake, *London, in* in Songs of Experience, 1794 – Trad. Sara Albanese

assimilabili alla prostituta che Blake nominerà nell'ultima strofa del componimento. Una simile difficoltà si verificherà nella traduzione di *"mind-forg'd manacles"* (v. 8), la cui traduzione italiana *"manette forgiate dalla mente"* risulta stridente e poco suggestiva, così come la *"black'ning Church"*(v. 10) sarà necessariamente tradotta *"la Chiesa che annerisce"*, perdendo la compattezza ficcante del gerundio inglese, a cui ben si potrebbe associare un participio presente italiano, ormai desueto e totalmente inutilizzabile, per rendere la progressione dell'evento simbolico.

Fortuna del Traduttore sarà poter mutuare l'anafora *mark/marks* (v. 3 – 4) che può facilmente risolversi in *segno/segni* anche se sicuramente una traduzione più naturale sarebbe possibile spezzando la figura retorica e risolvendosi in *"E scorgo in ogni volto che incontro / Segni di debolezza"*.

Molto spesso, tuttavia, le arguzie linguistiche, le allitterazioni, i molteplici significati di una medesima parola, le figure retoriche, non saranno facilmente trasformabili in una lingua straniera, rendendo complicatissimo non solo l'approccio alla Poesia, ma anche quello ad una prosa simbolica, giocosa e complessa come *Alice in Wonderland* di L. Carroll, oppure, più semplicemente, un titolo che si fonda su un gioco di parole, come *The Importance of Being Earnest* di O. Wilde. La sua opera teatrale, infatti, si fonda sulla quasi perfetta somiglianza delle due parole inglesi che traducono il termine "Ernesto", ovvero il falso nome del protagonista, e l'aggettivo "serio/giudizioso", intendendo in questo caso l'essere convenzionalmente inserito nei rigidi codici della società vittoriana. Evidentemente questa arguzia è quasi irriproducibile in Italiano, conducendo ad una traduzione scollata dal significato originale *"L'importanza di chiamarsi Ernesto"*, oppure ad un tentativo di ripetere una simile paronimia nella soluzione *"L'importanza di essere Franco"*, in cui il nome risulta avere un corrispondente aggettivo che indica una qualità etica e sociale.

Tutti questi ostacoli metteranno il Traduttore di fronte a sfide complesse che appariranno talora irrisolvibili, pur senza nulla togliere all'abilità di chi tenta di forgiare la propria lingua ad immagine e somiglianza di un fiore esotico, quale sarà il componimento straniero.

Forse proprio in riferimento ad ostacoli tanto alti il poeta statunitense Robert Lee Frost (1874 – 1963) affermò: *"Poetry is what is lost in translation"*, ovvero *"E' Poesia ciò che viene smarrito nella traduzione"*

Certo sarà grave quando nobili pubblicazioni ed esimi Traduttori sottoporranno al lettore interpretazioni decisamente fuorvianti, attribuendo arbitrariamente al testo una verità non richiesta. Ciò non avviene solamente in relazione a scelte lessicali, ma anche con l'elaborazione di elementi ritmici, come ad esempio la punteggiatura.

Ancora una volta, un esempio sarà più trasparente di una lunga dissertazione.

I versi ora apparterranno ad un componimento di Emily Dickinson, distrattamente tradotto in una raccolta a cura di Gabriella Sobrino[33]:

---

[33] *Dickinson – Poesie*, a cura di Gabriella Sobrino, Grandi tascabili economici Newton, 1987

To flee from memory	*Se per sfuggire la memoria*
Had we the Wings	*Avessimo le ali*
Many would fly	*Molti volerebbero*
Inured to slower things	*Abituati a ben più lente cose.*
Birds with dismay	*Gli uccelli – spauriti – scruterebbero*
Would scan the mighty van	*Il carro gigantesco*
Of men escaping	*Degli uomini che fuggono*
From the mind of man.	*Dalla propria mente*

I versi della Dickinson non prevedono punteggiatura, nel fluire istintivo della lirica che scaturisce, come di consueto, dalla sua interiorità.

Qualora il traduttore desideri aggiungerla necessariamente, ed in modo opinabile, certamente dovrà aver cura di non stravolgere il senso stesso della lirica. E' evidente, in questo caso, che il punto dovrebbe essere collocato alla fine del verso precedente, ovvero *"Molti volerebbero"*, poiché *"Abituati a ben più lente cose"* si riferisce senza dubbio agli uccelli menzionati nel verso successivo.

Chi non avesse la capacità o la possibilità di fruire del testo inglese, si troverebbe spaesato di fronte ad una simile traduzione italiana, e probabilmente vagherebbe alla ricerca di un arcano significato inesistente distorcendo il senso stesso della lirica.

Tale osservazione mira unicamente a provare, ancora una volta, quanto il lavoro del Traduttore sia non solo prezioso, ma addirittura indispensabile quanto l'esistenza stessa dello scritto, poiché esso non vivrebbe se ⟨ornament⟩ non entro angusti confini senza il nobile, quanto spesso poco valorizzato, sforzo del Traduttore.

Egli avrà non solo una grande responsabilità, ma una creatività diversa ma quasi non inferiore allo scrittore che dà vita ad un testo. Una buona traduzione è una candela illuminata, una cattiva traduzione è un pozzo profondo... ma un Traduttore che vive il suo mestiere con il desiderio di ricercare sarà sempre e comunque una fonte d'acqua cristallina.

Language is a skin: I rub my language against the other.
It is as if I had words instead of fingers, or fingers at the tip of my words. My language trembles with desire.

La lingua è una pelle: io sfrego la mia lingua contro l'altra.
E' come se avessi parole invece di dita, oppure dita sulle punte delle mie parole.
La mia lingua freme di desiderio

Roland Barthes

La lingua, come l'arte grafica, non prescinde dalla profondità che le viene attribuita dalla tecnica del chiaroscuro.
Le ombre sono consistenti come tessuto, per utilizzare la metafora di J. M. Barrie che vede il suo protagonista, Peter Pan, alla ricerca per l'appunto della propria ombra che, dopo essere stata riposta in un cassetto, verrà poi simbolicamente ricucita da Wendy ai suoi piedi.
E' evidente la consistenza che assume questa scura proiezione di sé, come negativo di se stessi, come necessario alter ego che prova la

nostra presenza, come elemento buio che esiste solo in presenza di luce.

Ogni parola proietta la propria ombra, ingigantita, deformata, a volte contrapposta alla luce della verità... o talora la verità risiede proprio nell'ombra stessa che non possiede lineamenti precisi ma semplicemente la sagoma dell'anima di un pensiero, di un sentimento, di una persona.

> Sei la luce che proietta la mia ombra...
> E visibili ai miei occhi appaiono
> le mie paure, i miei limiti, i miei dolori.
> Ed è allora che capisco
> che proprio quella sagoma ai miei piedi,
> quell'ombra che tu hai staccato da me con il tuo essere
> e hai proiettato al suolo,
> ha la forma della mia anima.
> Sono io.
> Ed ora che è lì ai miei piedi...
> posso calpestare i miei timori ma non liberarmene.
> Quell'ombra mi segue, attaccata alle mie suole..[34]

Ogni componimento poetico è un Peter Pan, saggio quanto ingenuo, che vede la sua forza e la sua condanna nell'essere immutato ed immutabile, che rifiuta la convenzione sociale ma rimpiange l'esclusione dal focolare domestico di una intenzione razionale ed emotiva rassicurante come l'appartenenza ad un codice comune.

E' l'incompiuto che regala compiutezza ad un testo poetico, è la tensione che mira ad un'Isola che Non C'è, è l'equilibrio solo apparente tra forze contrastanti che schiude un battito di saggezza

---

[34] Sara Albanese, *Ombre e Cavalli*, 2013, cfr. pag. 88

e di speranza prima di tornare ad oscillare senza certezza, così come la mente umana.

E' proprio la fugacità di questa scintilla a renderla magica, come la bellezza che dura un attimo nel suo splendore più alto, e poi declina, lasciando la nostalgia umana ad accarezzare la magia di un istante.

Compito dei versi sarà proprio congelare l'attimo e trovare un compromesso tra caducità ed eterno, come sapeva già suggerire Shakespeare nei suoi intramontabili versi:

And every fair from fair	*Ed ogni bellezza dalla bellezza*
sometime declines,	*talora declina,*
By chance, or nature's changing	*sciupata dal caso o dal mutevole*
course, untrimmed;	*corso della natura.*
But thy eternal summer shall not	*Ma la tua eterna estate non*
fade,	*appassirà,*
Nor lose possession of that fair	*Né perderà la bellezza che ti*
thou ow'st,	*appartiene;*
Nor shall death brag thou	*Né la morte si vanterà del tuo*
wand'rest in his shade,	*vagare nella sua ombra,*
When in eternal lines to Time	*Poiché crescerai, col passare del*
thou grow'st.	*Tempo, in versi eterni.*
So long as men can breathe, or	*Finché gli uomini respireranno e*
eyes can see,	*gli occhi vedranno,*

So long lives this, and this gives   *Questi versi vivranno e ti*
life to thee.[35]   *manterranno in vita.*

La bellezza, nella sua accezione più alta, perderà evidentemente qualsiasi connotazione strettamente legata alla valutazione estetica dell'essere umano e percorrerà in un lampo la ricerca dell'equilibrio e dell'armonia dell'arte classica e neoclassica, la rappresentazione del bello e del sublime romantico, l'artificio barocco, l'ambizione alla perfezione artistica come ideale dell'estetismo, la disgregazione dei modelli tradizionali nell'era della decadenza, la nuova prospettiva postmoderna...
Ci troveremo quindi oggi, con tanti ideali artistici che ci scorrono tra le dita, a domandarci cosa sia rimasto della bellezza.

E la troveremo lì, silenziosa, in quell'attimo di grazia in cui ci pare di aver compreso il mondo, eccola comparire in echi di risposte, in semi di speranza, in profumi di verità che, umili, svaniranno alla prima brezza, ma che, testardi, resteranno scolpiti nella carta.

Ed ecco senza dogmi la risposta,
nel cemento che vediamo fessurare
nella piccola radice che si sposta
ché alla foglia sia concesso di spuntare.[36]

Nella dinamica degli opposti che illuminano di ombre un testo poetico, saranno palesi accostamenti di registri tra loro solo apparentemente discordanti, di immagini auliche ed umili, delicate

---

[35] W. Shakespeare, *Sonnet 18* (v. 7-14)
[36] Sara Albanese, *Ecce Homo*, 2013, cfr. pag. 76

e violente, saranno interessanti strutture complesse per messaggi semplici e sintassi elementari per concetti infiniti.

Più di tutto, però, sarà fondamentale l'incontro tra parola e silenzio. Un silenzio che disegna gli argini per fiumi di discorsi, che determina il ritmo per musiche in versi, che scandisce i passi, i respiri, i pensieri.

Magari proprio nella pausa riposa il tepore dello spirito nel nido costruito da versi spezzati come ramoscelli, flessuosi come fuscelli, morbidi come piume schiacciate dal riposo della mente.

Ma forse è nella punteggiatura
Che l'uomo coglierà la sua natura
Ché lo spirito necessita l'assenzio
In cui il suo ciglio batta nel silenzio.[37]

---

[37] Sara Albanese, *Parole*, 2013, cfr. pag. 73

C'è chi la chiama poesia e chi la chiama scommessa, chi lo chiama

cammino e chi permanenza,

c'è chi la chiama storia e chi la chiama scienza, c'è chi la chiama musica e

chi silenzio.

Quadro o cornice, frutto o scoria, generazione o aborto, verità o

antidoto.

La Vita scorre, travolge, leviga come l'**ACQUA**

VIAGGIO

Come acqua che il sole ha soffiato

Tra le nubi di respiri inconsueti,

Torni al fiume lento ed immutato

Precipitando tuo malgrado in vecchi greti.

Ma questo è lo scopo del viaggiare,

Alzarsi al di sopra delle rive

Per fondersi in visioni suggestive

E vivi come l'alba ritornare.

Di prassi associamo la caduta

Al peso che ci schiaccia verso terra

Ma non per un fardello vien compiuta,

Piuttosto è una corrente che ti afferra.

Del volo resta quel bagaglio

Che un fiore può regger sullo stelo:

Portar con te un pezzo di cielo

Ed ogni spreco d'aria è uno sbaglio.

Hai percorso colori senza nome,

E ascoltato echi di antiche civiltà.

Hai parlato con i campi di frumento,

E accarezzato rughe incise nel contegno.

Hai suonato note mai sentite prima,

E compreso accenti sconosciuti.

Hai ballato sul tuo senso del rigore,

E ignorato il richiamo della foce.

Adesso marci ancora sul tuo greto

Ma porti con te la consapevolezza

Che di plasmarlo non hai divieto

Perché la memoria regala sicurezza.[38]

---

[38] Il componimento è stato selezionato per *l'Antologia del Premio Letterario Città di Monza* 2013

VAGITO

L'aria di febbraio ammorbidita
da una luce di rinascita soffusa
schiude l'illusione intorpidita
di una tua fertilità confusa.

E nel timore di giocare con il sole
vagheggi una maternità immatura
che si commuove in nodi di parole
e cammina in spalla alla paura.

Ma morbidi i pugni di un bambino
tengono sempre il domani per la gola
perché l'uomo non scordi il suo destino
la cui verità resta una sola:

di moderni sogni noi siamo eroi mortali
Ma forse in un vagito son le ali.

RESPIRO

La perfezione di un momento...
un attimo soltanto che racchiude chilometri di vita.

La pienezza di adesso,
frutto delle battaglie di ieri,

dischiusa nella morbidezza di un domani
che profuma di cucciolo.

Allora chiudo il mio sogno in una bottiglia..
per proteggerlo...
per poterlo aprire nei momenti di sconforto.

TINTERN ABBEY (omaggio ai versi di W. Wordsworth)

Tempio dal tetto di cielo

Macerie di liturgie remote

Attraverso cui lo spirito respira

E vigile come un sonnambulo

Cammina su navate di prato

Guarda le volte non marmoree ma celesti

Soffia attraverso vetrate di vento

Spia quadri di nuvole in cornici di bifore.

Muri di pietre per difendere la meraviglia

E finestre di aria per vederla fuggire

Da un chiostro disegnato nell'erba

E purificato dalla pioggia battesimale.

Ciò che la storia volle purgare

In nuove discipline della preghiera,

La stessa storia restituisce all'Eterno

Liberato dal buio del confessionale.

E non stupisce che il grande Talento

Di una voce profetica di versi passati

Abbia scelto il gioiello di una corona di colli

Per insegnare la magia della memoria:

Ché ogni albero risuona come un organo

Nella mistica sacralità di ogni piccolo uomo

E vengono gabbate cattedrali immortali

Perché vibra nell'aria l'Eucaristia di un ricordo.[39]

---

[39] L'opera di William Wordsworth a cui viene fatto riferimento è *Lines written a few miles above Tintern Abbey* (*Lyrical Ballads*, 1888)

AUTORITRATTO

Come un pennello intrido la mia verità
nella tempera della consapevolezza
e ad occhi chiusi inizio a tracciare
la confessione del mio autoritratto.

Scendono i capelli del colore ribelle
che non sbiadisce alla luce del sole
ma si soffoca in un nastro di velluto.

La fronte è chiara d'intelletto
ma percorsa dalla febbre
che consuma il candore della mente.

Occhi trasparenti di onestà ferita
e scuri di colpa innocente
restano sgranati in disilluso stupore.

Parafulmini di schiaffi
resistono minuscole lentiggini
mappa di luoghi nascosti sottopelle.

Il naso è dipinto nel colore dell'aria

che soffoca con la verità, innamora col profumo,
corrode con il rimpianto, annerisce con lo sforzo.

Ma si schiude al mondo la tinta della rivalsa
in labbra seccate troppo spesso dal pianto,
ed ora lucide di orgoglio e dignità.

Si specchiano nello smalto di un sorriso,
triste di vuoto e fiero di consapevolezza,
spettri in tumulto e folletti irridenti.

Ma in nessun riflesso che unisce mondo e anima,
non negli occhi, non nel sorriso, non nel respiro,
si risolve l'equazione della vita

CAMMINARE[40]

Attraversare nuovi sentieri,
bucare vecchie nebbie,
plasmare le piogge di sempre...

e passo dopo passo scoprirsi ancora lì..
in quel luogo chiamato Vita.

Tu ed io.. Uguali.
Destini d'argento infranti contro muri troppo alti.
Anime prigioniere di un corpo troppo fragile.

Ma noi siamo noi..
Tu ed Io..

Ancora una volta...
Per ricominciare.

---

[40] Il componimento è stato pubblicato all'interno dell'Antologia Poetica *Il Cammino della Poesia* a cura di Elio Pecora (2013)

NATALE

Non è nel cielo gelido di stelle
Che risiede il respiro del Natale
Non è nel suono delle campanelle
Che vibra l'euforia augurale

È in una grotta piccola e illuminata
Da un fuoco che riscalda la coscienza
E abbraccia la memoria ravvivata
Dal tepore di morbida accoglienza.

Le pareti calde per la luce
Che il fuoco spalma col suo fiato
Risuonano nell'eco della voce,
Struggente tenerezza del passato.

Ma ancor più vicino è il presente
Di anime che si stringono ogni anno
Disegnate dal focolare ardente
In un abbraccio che incorniceranno.

Nel morbido intrecciarsi indistinto

Proiettato dal calore della vita

Si legge silente l'auspicio convinto

Che nessuna anima venga smarrita

Attraverso stagioni di eternità

Nel profumo di muschio e di casa

Nelle note di rassicurante ciclicità

Nel rifugio di una grotta riaccesa.

SELLERIA

Il profumo del cuoio dolce e speziato

L'aroma lievemente acre del grasso per finimenti

La fragranza tipica della natura brumosa

Il pizzicore della polvere sottile

E lì, l'una appresso all'altra,

le selle,

indurite dal lavoro ed ammorbidite dalla vita

inerti sui pilieri,

sollevano un ciglio e ti spiano

mentre tu

ascolti fremente il silenzio

reinventando il rumore dello staffile che si tende

sotto il peso dello stivale.

Un raggio di luce attraversa il pulviscolo

ed entra

nel tuo tempio.

INTRECCIARSI

Nell' inverno della mia mente
hai protetto la vita dal ghiaccio
nascondendola sotto una coperta di neve.

Nell'estate del mio entusiasmo
hai permesso al sole di scaldare i miei sogni
bagnandoli perché non seccassero.

Nell'autunno del mio spirito
hai lasciato cadere le foglie
senza giudicare la nudità dei rami.

Nella primavera della mia speranza
hai creduto nelle gemme timide
che si affacciavano al dubbioso disgelo.

Nel rincorrersi convulso di stagioni disordinate
io ho imparato a credere
che ogni disgelo valga un inverno
che ogni gemma valga la nudità del ramo,
Perché ogni ciclo riconduce a casa
che siamo noi...

Capaci di trovarci a memoria nella nebbia,

Capaci di perderci in un campo di fiori

per poi incontrarci in quel luogo

che chiamiamo "domani".

Perché Amore

non è il battere del cuore bensì delle ciglia

che schiude gli occhi al mondo per scoprirti ancora lì

per giocare con me alla vita

nell'unico modo in cui anche io lo desideri.

SENSI[41]

Ascolta.

È lo spezzarsi soffuso dell' erba

Tra le labbra lente dei cavalli

Nascosti nella notte del pascolo fragrante.

Assapora.

È la pioggia che si posa sulle labbra

Lavando via la polvere e il sudore

In gocce di onesta pulizia.

Tocca.

È la pelle screpolata di corteccia

Scolpita dai raggi del solstizio

Che mostra la sua solida certezza.

Annusa.

È l'odore delicato della notte

Mischiato all' essenza della luna

Che intride la bambagia delle nubi.

---

[41] Il componimento è stato premiato nella IX edizione del Concorso *Un Monte di Poesia*

Osserva.

Sono occhi silenziosi e trasparenti

Dentro a rughe che son solchi della vita

Di demistificata grazia e dignità.

Non parlare. Non pensare.

I sensi riflettono frammenti

Di racconti con trame così lunghe

Che a narrarle perderebbero il momento.

Il momento in cui la vita vien riflessa.

Le parole sono come le persone: insieme riescono a creare un discorso, ma ne basta una soltanto per scompigliare le colonne di palazzi ipocriti e disordinare le pagine di vangeli di massa.

Nulla è più solido del pensiero, nulla è più solido dell'**ARIA**

PENSIERO[42]

Frastuoni di silenzi impoveriti
Disciolgono le menti nella calce
E brandelli di precetti intorpiditi
Alla morale imbiancano le guance.

Invertebrato il fusto della scelta
Si adagia senza opporre resistenza
Poiché la radice è ormai divelta
Su cui cresceva un tempo la coscienza.

Nel pigro rotolare dell'inetto
Colpevole riposa l'ignoranza
Che svuota di se stesso l'intelletto
E scambia verità con tracotanza.

Comunità di vermi rattrappiti
In squallidi cantucci del piacere
Da propagande astute immiseriti..
Quale riscatto si può intravedere?

---

[42] Il componimento è stato finalista nel Premio Nazionale *Agape* 2014

Nel dubitare assorto e senza posa

Nella curiosità e nel morbo del sapere

Nella memoria critica e impietosa

Nel volo di parabole sincere...

In questo mondo ancora resta scampo

Ché non esiste forse altro mistero

In cui dignità respiri senza inciampo:

La redenzione attende nel PENSIERO.

GUERRIERE DI PLASTICA

Moderne Valchirie in tubino gessato
Di forme femminee han sol conservato
Ciò che alla scienza è concesso scolpire
Ché grazia muliebre vanno a abortire.

Bronzeo incarnato di raggi forzati
Ed incedere audace su tacchi tigrati
Ricordan dell'uomo l'antico arrivismo
Condito di arguto e cangiante erotismo.

Vampire in carriera han forse scordato
Il privilegio che a lungo hanno abiurato:
Dell'aquila audace toccar la grandezza
Del pettirosso garbato insegnar tenerezza.

Ma ancora nel grembo riposa accoglienza,
Ché sempre incurante di rampante impudenza,
La natura ricorda alla guerriera nascente
Che risiede nella grazia l'arma tagliente.

ITALIA

Toghe bianche al tempo dei romani
Per esplorare una nuova umanità
Camicie nere al tempo degli ariani
Per violentare la stessa civiltà

Accademie da umanisti edificate
Per servire l'intellettuale devozione
Altari e Madonne damascate
Per spacciare la stantìa inquisizione

Palazzi e arte del rinascimento
Per disegnare vivaci aspirazioni
Cumuli di rifiuti sul cemento
Per seppellire mafiose collusioni

Italia...

Sospesa tra un mare di zaffiro
E un cielo di vampiro

Dalla storia di millenni incoronata
Dai ricordi dei centenni condannata

71

Italia...

Lingua elegante e muri imbrattati
Pistola fumante e miti importati

Dei giovani tomba del futuro
Dei vecchi sorgente di spergiuro

Italia...

Santa a S.Pietro e puttana sul retro

Prigioniera dell'eterna dualità
Spezzata dall'oscena impunità.

PAROLE

Parole negli uffici dei potenti
Parole negli insulti dei perdenti
Parole dentro a bui confessionali
Parole di eleganti intellettuali
Parole tra pettegole irridenti
Parole dentro ad atenei cadenti
Parole dietro a schermi e su canali
Parole in spodestati tribunali
Parole convenienti tra parenti
Parole fonti di fraintendimenti
Parole che trasmettono ideali
Parole che corrompono i leali.

Parole come note e come schianti
Colonne della mente sono portanti.
Nel voler il mondo etichettare
S'illudon verità di dominare
E coniugare l'astratta affermazione
Significa legar persona e azione.

La grammatica è l'umana concretezza
Sintassi dello spirito in fortezza

Ché la declinazione è una fatica

Ma i *casi* sono i casi della vita[43]

E purtroppo il più reale è accusativo

Poiché puntare il dito è imperativo.

La lingua è dell' umana evoluzione

La massima concreta elevazione

Perché soltanto nel comunicare

Noi stessi ambiremo a valicare.

Ma forse è nella punteggiatura

Che l'uomo coglierà la sua natura

Ché lo spirito necessita l'assenzio

In cui il suo ciglio batta nel silenzio.

---

[43] I "casi" a cui viene fatto riferimento sono le flessioni delle parti nominali del discorso all'interno della declinazione, secondo genere, numero e funzione logica. Il caso accusativo, citato nel verso seguente, è utilizzato per il complemento oggetto e gli elementi ad esso riferiti.

INSEGNARE

Lasciar della vita il polline fecondo
Traghettato da un sottile refolo d'età
E forse anche il mistero più profondo
Verrà sciacquato dalla curiosità.

Insegnare è certo più che trapiantare
Una nozione in acerbi animi riottosi,
E' piuttosto indur la mente a dubitare
E risvegliar le coscienze in narcosi.

Non plasmare pensieri di docile creta
Ma dar vita a linfe di solidi fusti
Perché ad ogni memoria triste o incompleta
Subentrino rami nuovi e robusti.

Impossibile seminare un antico sapere
Senza coltivare la persona nascente
E nella tua orma vedrai comparire
Germogli di futuro reviviscente.

ECCE HOMO[44]

Puerile il barcollare del sapiente

nel tentativo il mondo di spiegare

e deluso da una via ormai perdente

la vita torna tosto ad esplorare.

Della ragione i lumi avevano promesso

di poter quest'universo dominare

ma il limite che all'uomo vien concesso

è l'empirica evidenza contemplare.

Allora il via al romantico profeta

---

[44] Il titolo del componimento si riferisce alle parole attribuite a Ponzio Pilato nel mostrare Cristo flagellato al popolo giudaico. Quest'espressione è stata poi utilizzata da Nietzsche come titolo dell'opera *Ecce Homo. Come si diventa ciò che si è*, manifesto autobiografico del nichilismo passivo. Nel caso specifico del presente componimento, l'espressione si riferisce quindi alla nudità esistenziale dell'essere umano di fronte alla ricerca del sapere ed al tentativo di trovare il significato ultimo della vita. Viene infatti tratteggiato un breve excursus attraverso la storia dell'arte e della filosofia, caratterizzato da una serie di fallimenti e conseguenti delusioni che hanno di volta in volta indotto l'uomo a riversare le proprie speranze in correnti di pensiero sempre nuove ed in qualche modo opposte alla precedente. Questo oscillare tra ragione e istinto ha traghettato il pensatore dal logos illuminista alla contemplazione della natura romantica, dalla teoria dell'Oltreuomo alla sua alienazione, in un susseguirsi di prospettive che hanno portato l'individuo moderno ancora verso la liturgia della scienza, vittima spesso della tracotanza (*hybris*) che da sempre viene impersonata dal mito di Prometeo.

che possa delusione riparare

ma l'istinto non è forgia concreta

che sappia il segreto disvelare.

Pezzente superuomo defraudato

del sogno di potenza da cullare[45],

il tuo Prometeo ormai alienato

quale filosofia vorrà ascoltare?

Di nuovo oggi il mondo è della scienza,

il medico un profeta da osservare,

ma spesso presuntuosa è la cadenza

e l'hybris ancor si lascia venerare.

Forse l'arbitrio umano ancor consente

il velo di Maya di squarciare[46]

o almeno menare un piccolo fendente

ché a un raggio si consenta di passare.

---

[45] Il *sogno di potenza* rappresenta nella sua stessa definizione il carattere effimero della *volontà di potenza* (Wille zur Macht) nietzschiana.

[46] Secondo la filosofia di Schopenhauer, squarciare il simbolico *velo di Maya* (il cui nome deriva dalla filosofia indiana) significa trascendere la realtà fenomenica per giungere a quella noumenica, determinata e priva di distorsioni.

Ed ecco senza dogmi la risposta,

nel cemento che vediamo fessurare

nella piccola radice che si sposta

ché alla foglia sia concesso di spuntare.

Forse le risposte vanno cercate in quei luoghi che ti fanno scordare di avere una domanda.

Luoghi colorati di aria e profumati di acqua, dove il profilo dell'orizzonte è la groppa di un cavallo ed i rami degli alberi afferrano il cielo.

E' Madre, E' **TERRA**

VIOLA[47]

Tre ciglia sopra la pupilla
Due sotto intrise nell'ombretto ,
Pennellata d'orgoglio sopra il lilla
Che antica tradizione vuol negletto.

Ma la viola dipinge con coraggio
Il tono che nel prisma è di passaggio:
Né il rosso di passione un po' sfacciata
Né il blu di calma inabissata.

Nel campo io ti vedo dignitosa
Piegare appena il gambo per il peso
Dell'umiltà graziosa di una sposa
Impregnata in un carisma mai arreso.

L'istinto è di coglierti e tenere
La tua originalità in un bicchiere,
Ma so che ti vedrei sbiadire
Perché togliere a se stessi fa appassire.

---

[47] Il componimento è stato premiato nell'Aprile 2015 nella Sala Protomoteca del Campidoglio in Roma come Quarto classificato nell'Ottava Edizione del celebre Premio Letterario *Albero Andronico*

Allora chiudo il tuo segreto tra le dita

E ti osservo senza urtare la tua vita,

Ché rispondere all'egoistico richiamo,

Fa morire proprio ciò per cui amiamo.

NITRITO[48]

La collina è imbandita di alberi in fiore
e l'aria di acacia muove l'immensa tovaglia erbosa

Binario di scoiattolo fruscia tra i pollini
mentre il riverbero del cielo solleva i cigli scuri.

E per la prima volta...
Eccola...

Dopo anni di parole silenziose
arriva franca e piena
la tua voce.
Nitrito vibrante di vita
rotondo come il profilo di questa Terra.

---

[48] Il componimento è stato pubblicato all'interno dell'Antologia Poetica *Il Cammino della Poesia* a cura di Elio Pecora (2013)

INVERNO[49]

Capelli di ghiaccio disegnati nella nebbia,

Rigidi e sottili come rigagnoli inversi

Che risalgono il corso della luce

E si essiccano tendendo verso il cielo.

Non è linfa ma corteccia

Che scorre nelle vene di brina,

Solida come un velo lacrimale

Che la palpebra protegge dalla notte.

L'albero che soffia i suoi rami

Rappresi come fiato nel gelo del mattino

Si aspetta che il sole con sguardo distratto

Liberi in gocce la tenacia del tocco più alto.

---

[49] IL componimento si è classificato al Terzo posto con Diploma d'Onore per il *Premio Letterario Giovane Holden* 2014.
La Giuria lo ha così commentato: "Poche manciate di versi che dipingono immagini suggestive e rappresentano un bel dialogo con la natura, dal linguaggio misurato ed evocativo"

BAMBOLE E FIORI ALL'OMBRA DI UN TIGLIO

Veste di petalo color lacca

Drappeggio di delicatezza audace

E acconciatura chiusa in una crocchia

Germoglio di contegno delicato.

Tra due dita occorre stringere il bocciolo

E si schiude il tessuto di corolla:

Al papavero si consenta aprir la gonna

E il capo divien la gemma acerba.

E nel segreto del fiore si dischiude

La miniatura di uno sbocciar muliebre.

CUORE DI ALANO

Occhioni come calda cioccolata
Lucidi di ingenua devozione
Ampi di stupita eccitazione
Soglie di onestà incontaminata.

Orecchie come morbidi aquiloni
Vele che svolazzano nel vento
Ali in allegro movimento
Foglie di velluto ed emozioni.

Tartufo di vulcanico diamante
Umido di curiosa esplorazione
Tiepido di cuccia e protezione
Sopra il morbido bargiglio gongolante.

La coda come solido timone
Energico mulino di fendenti
Antenna di umani sentimenti
Pennello d'ingenua confessione.

Nell'ululare profondo e concentrato,
Baffi al cielo e mento corrugato,

Nelle zampotte d'orso irruente,

Che cercano il contatto schiettamente,

Risiede la tenerezza del gigante:

Non nell'intelletto poderoso

Ma certo nel suo darsi generoso

E nella limpidezza disarmante.

SARA' FUOCO E SARA' GHIACCIO[50]

La pioggia laverà via il colore dell'erba verde smeraldo
e si accenderà il fuoco dei rami.
La malinconia staccherà le foglie
ma tra loro cadranno castagne
... come frutti induriti dal tempo
... come occhi lucidi di nostalgia.

Penso che presto,

sotto la crosta gelida di neve e di ghiaccio,

riposerà il manto tiepido del cerbiatto

per ricordarci che

anche quando il mondo ci punisce

con la sua asprezza,

ancora riposa la vita in quiescenza,

pronta a riaccoglierci ancora

e ancora.

---

[50] Il componimento è stato pubblicato all'interno dell'Antologia Poetica *Il Cammino della Poesia* a cura di Elio Pecora (2013)

OMBRE E CAVALLI[51]

Sei la luce che proietta la mia ombra...

E visibili ai miei occhi appaiono

le mie paure, i miei limiti, i miei dolori.

Ed allora

capisco che proprio quella sagoma ai miei piedi,

quell'ombra che tu hai staccato da me con il tuo essere

e hai proiettato al suolo,

ha la forma della mia anima.

Sono io.

Ed ora che è lì ai miei piedi...

posso calpestare i miei timori ma non liberarmene.

Quell'ombra mi segue, attaccata alle mie suole.

Ed allora

tu che mi hai offerto me stessa,

mi regali una via d'uscita:

---

[51] Il componimento è stato pubblicato all'interno dell'Antologia Poetica *Il Cammino della Poesia* a cura di Elio Pecora (2013)

mi lasci salire sul tuo dorso,

staccandomi da quel suolo,

sradicando quell'ombra dalle piante dei miei piedi

ed agganciandomi alla tua.

Ed allora

la nostra intimità spaurita

sarà fusa in un unico essere,

per camminare insieme verso la libertà da noi stessi.

IERI

Quando il motore del mondo erano i muscoli caldi

di zampe possenti...

Quando la più morbida poltrona era una groppa

larga e tornita...

Quando il vapore fumante era il fiato

tiepido e bianco...

Quando il legno odorava di albero

ed il ferro sapeva arrugginire

Quando le bimbe portavano le gonne

ed il cielo era zeppo d'aria

Quando il profumo del lavoro non era quello del carburante,

bensì quello del sudore...

Allora...

La Madre Terra sapeva ancora sciogliere le sue trecce

Come fronde rigogliose

Per difendere la vita dalla pioggia e dal sole.

PIOGGIA DI LINFA

Il tragitto è come crepa di corteccia
Sentiero spaccato nella crosta del tempo

Le gocce sono petali di benedizione
Del dio del coraggio che ti battezza.

E per un solo momento perdi la paura
Di scoprire che è solo roccia coperta di muschio

Perché sotto gli zoccoli del nobile sauro
Scorre la linfa che irradia smeraldo

E si scioglie il desiderio di venir sollevati
Poiché nel contatto si eleva il respiro.

Non sfiorare i crini dell'inconscio
Se non sei pronto a stringerli tra le dita
Se non sei pronto a chiudere gli occhi.

PEGASO SENZA ALI

Tre schianti ed un respiro,

Battuta in quattro quarti

Al galoppo sul tamburo di sasso.

Un sibilo ed un tonfo,

Dentro gole profonde come canyon

Che bevono il sudore della terra.

Uno sbuffo ed un brontolio,

Respiro di grotte bollenti

Abitate da draghi gentili.

Un fremito ed un fruscio,

Crini che scorrono sul velluto

Di un manto che vibra su muscoli tiepidi.

Uno strappo ed uno strofinio,

Di macine lente che rubano alle labbra

Fili di linfa colti dalla polvere.

Un attimo di voce ed un'eternità di silenzio,

In occhi di visionaria rugiada

Scuri come radici di appartenenza

Al suono muto della paura e del coraggio.

Tsêhéstáno[52]

La Terra vibra di frequenze ancestrali

nel canto dell'uomo tra le piume del vento

nel rombo dei bisonti verso il profilo del cielo.

Poi, la sera, resta il silenzio

di mani che conciano pelli

dal profumo dolciastro del coraggio,

di voci soffocate da un destino

stagliato al suolo come l'ombra della fiamma.

---

[52] Il componimento, il cui titolo significa "Cheyenne" nella lingua dell'omonima Popolazione, è comparso nel romanzo *All'Ombra della Luna Nuova* (Edizioni Rei 2014) di Sara Albanese

E se qualcuno ti chiamerà pazzo, tu strappa qualche pagina dalla tua mente per mostrargliela.

Se saprà leggere, regalagli una penna.

Potrai compatirlo per ciò che vedrà ma compiacerti per ciò che saprà.

Può essere gelido e buio

Ma resterà sempre **FUOCO**

RELIGIONE

Nelle gocce di pioggia vivono fate e folletti

Mentre dormono nella roccia i dogmi silenti

Nelle lacrime di rugiada si sciacquano le Croci

Mentre frusciano tra fronde gli Dei primitivi

Nelle Lettere Antiche si nascondono le Fedi

Mentre solo tra uomini si rifugiano gli Spiriti

Ma si leggono i Vangeli soltanto nel disgelo del ruscello

Che rinasce dopo essere stato prosciugato e impietrito

Che torna a gorgogliare, portando vita ad altri,

Che scorre come scorre l'esistenza,

Che lava via i piccoli traumi e leviga i grossi.

MORIRE SPESSO [53]

Religioni han voluto a lungo spiegare
Dell'ultimo Requiem ragione ed imbroglio

Ma alcun credo ci volle insegnare
Delle molte morti a superare lo scoglio

Ché l'animo umano è avvezzo a inciampare
In antri di bieco e improvviso cordoglio

Nei quali va in vita a precipitare
Se lo spirito soffoca nel suo rigoglio.

Esiste formula arcana per resuscitare
Miraggio di santi e di pii orgoglio

Ma al saggio pazzo non è dato sperare
Nel privilegio di consolatorio risveglio

Da ogni sonno in cui deve lasciare
Brani di vita che chiamano sbaglio.

---

[53] Il componimento ha ottenuto il Diploma di Merito per il *Premio Letterario Albero Andronico* 2013

IL MATTO[54]

Il matto è una smorfia senza volto
Radice di un fiore nato còlto,

È la risposta a domande mai sentite
E coraggio in minacce travestite.

Il matto studia la storia dal futuro
E rincorre il suo inseguitore oscuro...

Ma sa temperare le punte delle stelle
E saziarsi nei buchi di ciambelle.

Sa salpare a bordo della navata
Di un tempio senza uscita e senza entrata.

Figlio non dell'uomo e non di Dio,
Il matto è un profeta dell'addio

O di quell'attimo di eterna prateria
In cui l'ombra è considerata una follia.

---

[54] Il Componimento si è classificato Primo nella Settima Edizione del *Premio Internazionale Wilde* nel Dicembre 2014 a Napoli

GIUDICATE

Scappare da fantasmi senza volto
E perdersi nei loro occhi di vuoto.
Il respiro è come astratto logaritmo
Segnato con la china del presagio.

Un patto con la vita chiuderebbe
Quei pozzi che son iridi di spettri
Ma sempre il faustiano fallimento
Ingoia l'illusione di guarire.

A guardare troppo a lungo dentro il vuoto
Si perde l'innocenza della mente
E in convulse e rinnegate costrizioni
Si agitano echi di realtà.

Voi uomini dall'agile coscienza
Un lusso vi potete consentire:
Di non sapere quello che io vedo
E di non temere il rischio di sentire.

Camminate per il mondo vostro pari
Con le tasche traboccanti di risposte

E giudicate chi fin d'ora suo malgrado

Anche le vostre paure spia nelle finestre.

TREGUA

La mia guerra non è odore di sangue
Bensì di pensiero rappreso
E macchia la coscienza che langue
Trafitta da un raggio mai arreso.

Proiettili di ricordi fischiano intorno,
Veloci e precisi come maledizioni,
Tagliano l'aria compatta del giorno
Trasformando nostalgie in allucinazioni.

Le mine sono i sensi di colpa
Su cui posare il passo obbligato
E ogni scelta diviene più zoppa
allo scoppio di un nuovo peccato.

Poi c'è silenzio sciolto nel fumo,
Più pericoloso di ogni esplosione,
In cui siedo e piano frantumo
Il desiderio di qualsiasi emozione.

Ma se aspetto che ritorni l'udito

E piano le voci mi parlino ancora,

Percepisco di lontano il guaito

Che dal torpore poco a poco riaffiora:

È voglia di vivere negli occhi puliti

Del tenace cucciolo accoccolato

Che nonostante i sensi intorpiditi

A mani nude libero dal filo spinato.

STELLE PER LANTERNE

Ogni notte ti addormenti

scaldato dal tepore di una stella.

La sogni nascosta dietro sere

Di nuvole spesse e ostinate.

La pensi mimetizzata nel giorno

Che ti segue sciolta nel chiarore.

Poi una notte vedi il buio.

Si può spegnere la luce di una stella?

Piangi forte per la nostalgica mancanza

Di quel riferimento che tu solo comprendevi.

Ma c'è di peggio che perdere una stella

Ed è scoprire ch'era una misera lanterna.

LO VEDO

Dov'è il mostro?
È nella palpebra che scatta incontrollata
È nel profumo di borotalco della bambola nel cassetto
È nel cardine della porta mai abbastanza chiusa
È nell'orma fugace nella sabbia e imperitura nell'asfalto
È nel buco ed è nel tappo
È nel cristallo gelido di Cenerentola
È sotto al letto e nell'armadio
È nel piede fragile e nel tacco alto
È nel ringhio e nell' uggiolio
È nel confessionale e nel peccato

Lo vedo...
È nella mente accoccolata

VALPURGA[55]

Lo sguardo e' fisso

ma non sa ignorare le ombre che scivolano.

Nel tentare di sorvolarle,

invece le draga ossessivo.

Nel volerle sfumare,

invece le incide profonde nel fango:

Un fango che, se fresco, ti risucchia nel purgatorio

del tuo peso rattrappito

E, se secco, ferisce ogni tuo passo con l'arida inospitalità

della sua durezza.

Invochi un raggio di sole

che potrà solo prosciugare ulteriormente il suolo sterile,

---

[55] Il componimento è stato selezionato per la raccolta *Poeti Contemporanei
– Il Cigno* (2012) curata da Elio Pecora.

La notte di Valpurga (in tedesco Walpurgisnacht), nella tradizione
dell'Europa centro-settentrionale sovrapposta alla tradizionale Santa
Valpurga, viene celebrata nella notte tra il 30 Aprile e il 1 Maggio con falò e
canti evocativi. La credenza vuole che in questa occasione le streghe
danzino alla luna sul Blocksberg, un monte dell'Harz tedesco.
I riferimenti alla notte di Valpurga non mancano nella storia della
letteratura, tra gli altri nomi illustri si ricordano Goethe e Shakespeare.

scolpendo definitivamente il profilo dei tuoi fantasmi

che danzano la loro Valpurga, intorno al rogo delle tue colpe.

E cerchi una fessura

in quella crosta impietosa,

una crepa profonda

in cui chiudere le ginocchia al petto.

Agogni un nascondiglio

ma desideri segretamente

di essere svelato

da un occhio

che conosca intimamente il perdono.

RICAMI DI FUMO[56]

Tomboli di respiro

inciampano nella trama delle tue ombre sottili,

mentre lotte tra maghi silenti

intrecciano trine di spettri

proiettando disegni antichi

sulle tue lenzuola pulite.

Basta il fiato corto

per gonfiare le vele delle tue paure

fino a che

allungando le dita

sfiori l'inchiostro dell'ombra

nel prometeico sforzo

di afferrare la luna nel pozzo.

---

[56] Il componimento è stato pubblicato all'interno dell'Antologia Poetica *Il Cammino della Poesia* a cura di Elio Pecora (2013)

PERDITA

Ciò che della perdita ci paralizza
Non è soltanto la paura di guardare
ma piuttosto è che in quel si concretizza
La nostra condanna a dover restare.

Nel legame che si polverizza
non vediamo solo l'altro sprofondare
Ma nel nostro mondo si volatilizza
quel che dentro non è dato cancellare.

Ed è ciò che più ci terrorizza
nella perdita sovente constatare
che la parte di noi che agonizza
è quella che amiamo contemplare.

Il sol timore già immobilizza
la mente che non sa pregare,
E il vuoto osceno profetizza,
visioni di memorie amare.

Ma non un fardello bensì una missione
risiede nel ricordo e nell'emozione,

Chè ogni individuo non è che il risultato
di chi il suo battito ha scandito e intrecciato,
E nella sua vita può contenere
l'eternità che l'uomo sa sostenere.

OSSESSIONI

Vivere appesi a fili di suggestioni

Forse ricordi, paure, echi di noi.

A nulla vale la scure ferrosa della ragione

Che attraversa affilata come fiaba di bimbo

I fili di Parche troppo astute,

Senza punto reciderli.

Si incaglia la scure su scogli di gomitolo

Si impiglia tra fili di vento

Si frena tra lacci di seta.

Vivere sospesi su foglie di suggestioni

Con caviglie precarie a tastare incertezze

Come a ballare il tip tap su morbide ninfee

Che giacciono sull'inganno trasparente,

Sorridendo al sole sfrontato

Pur consapevoli di inabissarsi

Al primo tocco di danza.

MINACCE

Mareggiata di aria ed ululato
Infranta contro fronde senza colpa
Esercito di vento e di tempesta
Compatto avanza al fronte in un barrito.

La mano, infantile scudo e nascondiglio,
come la foglia trema e viene scossa.
A nulla vale una sciocca resistenza
a proteggere fusto e anima percossa.

Financo a quell'ingenua piccolezza
Di Tienanmen ricordo e resistenza
Concede la natura di spezzare
Il muro di scompiglio e violazione:

La mano aperta a stella contro il vento
Nel sentire fiumi d'aria tra le dita
Potrà cullare il sol compiacimento
Il battaglione in marcia di spezzare.

La roccia divien ghiaia tra le falangi
L'alluvione è in rivoli irradiata

La luce bruciante sciolta in raggi

Il terrore in piccoli timori assimilato.

ISTANTI DI FERRO

È questo l'istante che fischia
Come una bomba sganciata dall'alto
E ti cade nel grembo indifeso
Contratto tra speranza e presagio.

È l'istante che esplode silenzioso
Alle orecchie di chi seguita a lavare
Le finestre di coscienze senza crepe.

In quell'attimo l'occhio paralizza
Secoli scalzi in marcia verso il vuoto
Per volerlo ferire con spada di specchio.

È amara la consapevolezza
Che per non ricevere istanti di ferro
Si possa solo cancellare il cielo

E smettere di marciare scalzi
Verso quel vuoto già lasciato
Dall'abbraccio non ancora perduto.

Ma quel che possiedi è forse una musica muta

Che parla ancora di quell'istante
Lanciato altrove come sguardo o come strale.

Questo, ascoltalo, è l'attimo di penne che scrivono,

Di giovani donne insonni e di cani che abbaiano,

Di soldati abbracciati a fucili e di edere abbracciate a finestre,

Di angoscianti sentenze e di tenere promesse,

Dell'ago di una flebo e delle effusioni di giovani innamorati,

Dell'odore del lutto e dell'ebbrezza estiva tinta di rimmel,

Del rumore di telefoni muti e del silenzio di molti squilli,

Dell'ansia sui libri dello studente, della mischia sudata di carne

promiscua,

Di occhi chiusi per la troppa gioia e di menti aperte per il troppo

dolore,

Di preghiere e di bestemmie rivolte allo stesso Dio di caritatevole

omertà.

FRAMMENTI

Ogni parola ha due anime,

una visibile al mondo

e l'altra ritagliata da un tratto

che nessuno può vedere.

Ogni gesto palesa due vite,

una manifesta al pubblico ignaro

ed una esplosa nella sala degli specchi

di un luogo profondo e immortale.

E in ogni frammento si riflette

un presente che ha due sguardi,

il passato che trasfigura i dettagli in aghi di nostalgia

e il futuro che soffia ogni certezza nel vuoto.

E vivi la tua vita in incognito, disilluso Prometeo mascherato

alla luce del giorno,

e Regina delle Fate coperta di pioggia,

la notte.

Quello allo specchio è il volto

di una vita spesa sotto copertura,

e le immagini di te restano prigioniere

dei mille frammenti ormai già esplosi

Che deformano il vero a tua immagine

e che tagliano i palmi nel tentativo di stringerli

e unirli per indossare te stesso

e seguire il ritmo di un altro giro di danza.

REFLUSSO DI PANICO

Vomito d'ansia nella gola del presagio,

Clessidra di respiro

Spirale di fiato

Spigolo di alito

soffiato nel labirinto di echi

in cui il battito si rincorre,

inciampa e ride isterico.

Suono di lacrime asciutte

come la tempera secca

su tele di suoni convulsi.

E la strada ti vuole veloce

per ricordare appena il tuo passaggio

mentre tu riposi solo

nell'intimo conforto dell'errore.

BUONANOTTE ?

Buonanotte al rimpianto
sciolto nella tisana scura
che intride le sere odorose.

Buonanotte alle fotografie
che guardano il mondo dormire
e si stancano del loro attimo di cristallo.

Buonanotte alle finestre
che chiudono le palpebre alla strada
ma restano vigili dietro ad esse.

Buonanotte alle luci
che hanno paura del buio
ma il cui giorno inizia quando il nostro si spegne.

Buonanotte al coraggio
seduto come una vecchia scultura
con le spalle levigate e lo sguardo triste.

Buonanotte al fiume

che si gira nel suo letto
su cuscini di rocce.

Buonanotte ai recinti, alle matite, alle ruote,

Buonanotte alle mamme, ai talenti, alle mucche,

Buonanotte alla musica, al Crocifisso, all'asfalto,

Buonanotte alle fate, agli stivali, al denaro,

Buonanotte ai libri, ai trattori, alle promesse,

Buonanotte ai fantasmi, ma solo a quelli buoni

E insieme a loro

Buonanotte a noi

che stiamo svegli.

Chiudere un libro è un po' come chiudere gli occhi, e sperare di aver lasciato alla **TERRA** una radice da coltivare, all'**ARIA** un'emozione da soffiare lontano, all'**ACQUA** una nuova roccia da accarezzare ed, infine, al **FUOCO** un nuovo segreto da bruciare.

Proprio per poter chiudere gli occhi, quindi, una **Buonanotte** ci lascia come ultimo componimento... eppure... qualcosa non convince del tutto. Forse per colpa di quel punto interrogativo che troneggia nel titolo. Forse perchè quella Buonanotte è rivolta a noi "che stiamo svegli", o forse perche il sonno, per addormentare Terra, Aria, Acqua e Fuoco deve riuscire a far assopire molti altri elementi ed aspetti della vita....

Per esempio...

Buonanotte alle abitudini.

Buonanotte ai gesti identici ogni giorno, al modo in cui ti giri nel letto, appoggi le chiavi di casa, ti asciughi dopo la doccia, fai una firma, strappi la carta igienica, allacci le scarpe, fai una carezza al cane, tieni le posate, ti lasci cadere sul divano.

Buonanotte all'abitudine di prendere la decisione di cambiare.

Buonanotte all'abitudine del sentimento, all'abitudine della mancanza, e pure all'abitudine di sentire dolore.. tanto da non riuscire a lasciarlo andare.

Buonanotte al ricordo delle abitudini che è un'abitudine di nostalgia.

Buonanotte all'abitudine di vivere e di trovare nuove abitudini per sopravvivere.

Buonanotte all'abitudine... gabbia o salvagente.

E ancora...

Buonanotte ai ricordi.

Quelli che ti finiscono in un occhio all'improvviso come un granello di sabbia... e per questo lacrimi, ovviamente non perché tu stia piangendo.

Buonanotte ai ricordi di quando eri bambino, e poi adolescente... edulcorati da una tenerezza di cui all'epoca non eri capace.

Buonanotte ai ricordi che si originano nei sensi, grazie ad un profumo, una nota, un sapore.

Ai ricordi che rendono inaccessibili luoghi, momenti, sentimenti... semplicemente perché loro li occupano ancora.

Buonanotte ai ricordi che sono un'abitudine e all'abitudine stessa che diventa un ricordo.

Buonanotte ai ricordi che non sono passati, quindi forse non sono ricordi. E quando lo scopri, la verità deve reggere il confronto con loro.

Buonanotte ai ricordi che rendono i rapporti speciali per sempre e a quelli che separano per la vita.

Buonanotte al paradosso dei ricordi: quando sono brutti ci rendono felici perché quel tempo è ormai passato, ma quando sono belli ci rendono tristi proprio per lo stesso motivo.

Buonanotte a chi ha le palle per rispettare i ricordi, curarli, guardarli in faccia.

Buonanotte a chi ricorda le promesse e riparte da lì.

Buonanotte a chi è capace di distinguere i ricordi dalla nostalgia.

Buonanotte al ricordo di chi non c'è più.... e questo insegna quanto è importante ricordare chi c'è ancora.

E buonanotte a tutto quello che ricordiamo ogni giorno di dimenticare perché non era importante, oppure perché lo era troppo

E poi ovviamente...

Buonanotte alle parole.

Dette, scritte, pensate, taciute...

Parole in tutte le lingue, compresa quella del corpo.

Buonanotte ai punti che chiudono i discorsi, e alle virgole che li riaprono.

Buonanotte alle parole difficili che possono significare poco e buonanotte ad un "come stai" che può voler dire il mondo.

Buonanotte a chi parla con gli animali e ascolta le risposte.

Buonanotte a chi parla con se stesso e a chi, con se stesso, ci litiga.

Buonanotte a chi ascolta le parole delle canzoni, i discorsi non detti, l'eco delle promesse, le pronunce di luoghi lontani, l'esitazione in una voce, il suono di una rima.

Buonanotte a chi crede ancora nelle parole e a chi invece non ci crede più, ma le cercherà comunque quando ce ne sarà bisogno, un po' come fa chi dice di non credere più in Dio.

E ancora...

Buonanotte ai baci. Ai secondi baci, soprattutto, che spesso non vengono ricordati e invece sono più importanti dei primi perché non sono una sorpresa ma una scelta.

Buonanotte ai baci sulla fronte e sulla punta del naso, che fanno innamorare le donne.

Buonanotte ai baci consumati, adulti, e buonanotte ai baci tremanti, appena nati.

Buonanotte ai baci profondi che scivolano nel sesso e a quelli leggeri che non hanno bisogno di altra intimità.

Buonanotte ai baci di ogni giorno, quotidiani, familiari come chiamarsi per nome, e buonanotte ai baci rubati e lasciati rubare.

Buonanotte ai baci sulla guancia nell' indugio di pochi attimi di complicità.

Buonanotte ai baci della buonanotte, del buongiorno, dell'addio, dell'arrivederci, del "non potevo farne a meno".

Buonanotte ai baci dati per i motivi giusti, per quelli sbagliati.. ma soprattutto per nessun motivo.

Poi si potrebbe aggiungere...

Buonanotte alle frasi di tutti i giorni e al significato che scegliamo di attribuire loro.

Buonanotte agli "a domani" che sono già una promessa.

Buonanotte ai "come va" che aspettano davvero una risposta e ai "tutto ok" dietro a cui qualcuno cerca la verità.

Buonanotte agli "è stato un piacere" ma non è chiaro per chi. Ai "ti rubo solo un attimo" ma poi ti portano via pezzi di vita. Ai "ci sentiamo" ma senza ascoltarsi.

Buonanotte ai "non preoccuparti, non importa" .. quando invece importa.. importa quasi sempre.

Buonanotte ai " se hai bisogno sono qui " e si intende proprio lì.. laggiù in fondo.

Buonanotte ai "sogni d'oro"... ma io non li voglio fatti d'oro. *Li voglio fatti di realtà.*

E infine...

Buonanotte. Buonanotte a noi.

125

A noi che viviamo riempiendo i gap nelle relazioni, nelle conversazioni, nei pensieri.

Buonanotte a noi che a pochissimi diamo la nostra chiave, ma quella apre tutto. Buonanotte anche alle serrature che dobbiamo cambiare.

Buonanotte a noi che facciamo fatica a fidarci ormai, ma quando crediamo in qualcuno o qualcosa, gli costruiamo un sentimento apposta.

Buonanotte a noi che siamo un casino, e stare con noi è una cazzutissima sfida... ma una volta provata la nostra anima, finisci per non riuscire a farne a meno, perché le altre sanno di stantío.

Buonanotte a noi che voltiamo pagina senza mai strapparla, a noi che rileggiamo tutte le altre ogni sera e ci scappa un sorriso o una lacrima.

Buonanotte agli errori fatti per i motivi giusti e alle scelte giuste fatte per i motivi sbagliati.

Buonanotte a noi.... e a chi vive dentro di noi nei modi più strani.

127